Wie ganz zufällig
aus meinem Leben
ein Buch wurde

Annet Huizing, geboren 1960, liebt Kröten und radelt gern durch die Dünen, sie spielt Akkordeon, gärtnert viel und schreibt ganz zufällig zahlreiche Kinderkolumnen und Kinderbücher.
»Wie ganz zufällig aus meinem Leben ein Buch wurde« ist ihr erstes Jugendbuch und wurde 2015 mit dem »Zilveren Griffel«, einem der bedeutendsten niederländischen Literaturpreise, ausgezeichnet.
Annet Huizing lebt auf einem Hausboot in Utrecht.

Nederlands letterenfonds
dutch foundation for literature

Der mixtvision Verlag dankt dem Niederländischen Literaturfonds für die Unterstützung bei der Publikation dieses Buches.

ANNET HUIZING

WIE GANZ ZUFÄLLIG AUS MEINEM LEBEN EIN BUCH WURDE

AUS DEM NIEDERLÄNDISCHEN
VON BIRGIT ERDMANN

mixtvision

1.

Irgendwie nervig, wenn deine Mutter tot ist.

Mein Vater hat mir einmal erlaubt, allein Socken zu kaufen. Socken für mich und Kalle. Ich glaube, ich war sieben Jahre alt. Eigentlich ist es nicht schwer, Socken zu kaufen, wenn man sieben ist. Wichtig sind nur die richtigen Größen. Größe einunddreißig für mich und sechsundzwanzig für Kalle. Der Preis war egal. Und die Farben durfte ich sowieso selbst aussuchen.

Ich weiß noch, dass ich mich auf die Zehenspitzen stellen musste, um die Socken an der Kasse abzulegen. Die Kassiererin sah zu mir hinunter, dann hinter mich und wieder zu mir.

»Bist du etwa ganz allein hier? Wo ist denn deine Mutter?«

Ich sagte: »Meine Mutter ist tot.«

Sie schlug die Hand vor den Mund und wurde rot. »Entschuldige, das wusste ich nicht.«

»Ist nicht so schlimm.«

Sie starrte mich an, die Hand immer noch vor dem Mund.

»Was kostet das?«, fragte ich dann und hielt ihr schon einmal einen Zehneuroschein hin.

Sie ließ die Hand sinken und scannte die Preisschilder. Zusammen mit dem Kassenzettel stopfte sie die Socken in eine Plastiktüte, stand von ihrem Stuhl auf, beugte sich weit nach vorne, um mir die Tüte zu geben, und sagte sanft: »Also dann, alles Gute, okay?«

Sie arbeitet immer noch dort. Trudy heißt sie. Sie hat mich einmal nach meinem Namen gefragt und seither ruft sie immer, wenn sie mich sieht: »Hallo Katinka.«

Und dann sage ich: »Hallo Trudy.«

Rot wird sie nicht mehr.

Es gibt auch Leute, die müssen mit den Tränen kämpfen. Wirklich. Und einmal hat eine Frau sogar die Arme um mich geschlungen, als ich es ihr erzählt habe. Ich kannte sie nicht einmal.

Meine Tante Addie sagt, ich solle das Wort »tot« lieber nicht benutzen. Das klinge so hart, meint sie. Und die Leute würden einen Schreck bekommen.

»Vielleicht sagst du lieber, sie sei verstorben.«

Aber »verstorben« ist irgendwie ein seltsames Wort, finde ich. Linda denkt genauso und sie muss es wissen, schließlich ist sie Schriftstellerin. Also sage ich einfach weiterhin »tot«. Auch wenn es hart ist.

»Der Tod ist auch hart«, meint Linda.

Was ich nicht begreife ist, warum niemand versteht, dass ich mich längst daran gewöhnt habe. Es ist zehn Jahre her. Ich war drei und Kalle war noch ein Baby. Ich erinnere mich nicht einmal an meine Mutter. Ich kenne sie nur von Fotos. Und aus den Geschichten meines Vaters. Wir sind eben nur zu dritt, Papa, Kalle und ich.

Auch Leute, die eigentlich wissen, dass meine Mutter tot ist, benehmen sich ab und zu merkwürdig und sagen manchmal aus Versehen Dinge wie: »Frag doch deine Mutter.«

»Was für eine Mutter?«, will ich dann wissen. Ich darf doch wohl einen Witz über meine eigene tote Mutter machen, oder? Aber darüber können sie nicht lachen.

Dirkje war anders. Dirkje hat keinen Schreck gekriegt, sich auch nicht die Hand vor den Mund gehalten oder die Arme um mich geschlungen. Dirkje kamen auch nicht die Tränen. Sie sagte auch nicht »Ach herrje«, als ich es ihr erzählte. Sondern nur »Oh.« Einfach »Oh«, mit ihren rot angemalten Lippen.

Dieses Stück habe ich zwölfmal umgeschrieben.

Zwölf Mal!

Und das ist laut Linda völlig normal. Sogar große Schriftsteller bekämen manchmal nur einen einzigen Satz am Tag zustande, sagt sie.

Einen einzigen!

Und auch dieser eine Satz wandert oft in den Papierkorb.

2.

Ich wollte Linda schon immer mal fragen, ob sie mir Schreibunterricht geben würde, aber ich habe mich nicht getraut. Ich habe mich nicht getraut, weil ich noch nie ein Buch von ihr gelesen habe. Und ich fand, ich sollte erst ein Buch von ihr lesen. Sie schreibt nur leider keine Jugendbücher. Ich habe mich aber auch nicht getraut, weil sie ziemlich berühmt ist (oder war). Sie hat bestimmt etwas Besseres zu tun, als einem dreizehnjährigen Nachbarsmädchen beizubringen, wie man Geschichten schreibt. Vor allem aber habe ich mich nicht getraut, weil ich Angst hatte, Linda würde mich auslachen.

Irgendwann habe ich sie trotzdem gefragt. Ich ging hinüber zur anderen Straßenseite und klingelte bei ihr. Ich wusste, dass sie da war, denn ich hatte ihr Haus vom Schlafzimmer meines Vaters aus beobachtet. Aber sie öffnete nicht. Hatte sie die Klingel nicht gehört oder tat sie nur so, als hätte sie sie nicht gehört? Ich ging in den Vorgarten und blickte durch das Fenster. Alles, was ich sehen konnte, war Cäsar, der dicke graue Kater. Er lag zusammengerollt auf der Fensterbank und blinzelte mit einem Auge, als ich ans Fenster klopfte.

Ich klingelte noch einmal, diesmal länger. Dabei zählte ich langsam bis zehn. Und danach rückwärts wieder bis null. Keine Linda. Also ging ich ums Haus herum. Sie hockte am Wassergraben, ganz hinten in ihrem großen Garten.

»Hallo Linda!«, rief ich.

Sie drehte sich um. »Hey, Katinka.«

Ich ging den Trampelpfad entlang bis zum Wassergraben. Ich war lange nicht mehr hier gewesen. Der Pfad war wegen all der Pflanzen, die über ihn hinwegwuchsen, noch schmaler geworden.

»Komm, schau mal«, rief sie.

Ich ging neben ihr in die Hocke. Sie hatte einen kleinen, völlig regungslosen Frosch in der Hand. Einen so kleinen Frosch hatte ich noch nie gesehen.

»Schön, oder?« Sie setzte das Tier ans Wasser. Der Frosch sprang durch den Matsch davon.

Linda stand auf und ich hörte, wie ihre Knie knackten. Sie wischte sich die Hände an ihrer Jeans ab. Offensichtlich nicht zum ersten Mal.

»Ich wollte mir gerade einen Tee machen, willst du auch einen?«

Linda pflückte in ihrem Kräutergarten ein paar Blätter und Blüten. Eine Spinne ließ sich auf ihrer Hand nieder. Wir gingen in die Küche. Linda setzte den Wasserkessel auf und warf die Kräuter in eine Teekanne, die irgendwann einmal weiß gewesen sein musste. Ich dachte: Später werde ich Kalle erzählen, dass Linda Tee aus Blumenknospen und Spinnenköpfen macht. Und dass ich das trinken musste.

Kalle und ich dachten früher, Linda wäre eine Hexe. Sie ist mal schimpfend mit dem Laptop unterm Arm in unser Haus getrampelt, weil der mal wieder abgestürzt war.

Sie hat sich zu meinem Vater gesetzt und da sahen wir sie: die Spinne in ihrem Haar. Linda trägt immer nur Jeans und eine rote Fleecejacke. Außer im Sommer, da läuft sie mit einer abgeschnittenen Jeans und einem T-Shirt herum. Und mit Clogs, so komische Holzpantoffeln. Das ist dann gar nicht mehr hexenhaft.

»Linda bringt es noch fertig, in Holzschuhen zum *Bücherball* zu gehen«, sagt mein Vater immer.

Wir setzten uns in die Sonne, auf die Holzbank unter dem Vordach ihres blauen Gartenhäuschens. Ihre Schreibstube. Nero, der rote Kater, legte sich zu uns. Das Tablett mit der Teekanne und den Tassen stand auf einem Baumstumpf. Linda fragte mich nicht nach dem Grund meines Besuchs. Sie schien es völlig normal zu finden, dass ich hier saß.

Ich räusperte mich. »Ich will Schriftstellerin werden«, sagte ich. Ich erschrak bei diesen Worten selbst. Hätte ich mir nicht einen besseren Einstieg ausdenken können?

»Du willst Schriftstellerin werden«, wiederholte Linda. Sie hob einen Zweig vom Boden auf, wischte ihn am Ärmel ab und rührte damit den Tee um. Dann schenkte sie ihn in die Tassen. Der Tee war hellgrün und roch nach Pfefferminze und Zitrone.

Wir saßen dicht nebeneinander. Ihre Haut sah ein bisschen aus wie knittriges Papier, so wie dieses braune Papier, das meine Tante zum Plätzchenbacken nimmt.

»Warum? Warum willst du Schriftstellerin werden?« Sie sah mich über ihren Brillenrand hinweg an.

Logische Frage, dachte ich jetzt.

»Doch nicht um reich und berühmt zu werden?«, fragte sie, als ich nichts erwiderte.

Berühmt sein, ja, das könnte mir schon gefallen, aber das war bestimmt nicht die richtige Antwort.

»Reich wird man jedenfalls nicht. Und berühmt ... das muss man sich wirklich nicht wünschen. Man hat nicht viel davon. Bringt einem nur Ärger ein, dummes Gerede, falsche Erwartungen und Stress. Und schiefe Blicke.« Sie nahm ihre Tasse vom Baumstumpf.

»Also?«, fragte sie. »Warum willst du Schriftstellerin werden?«

»Äh, ich finde es einfach toll.«

»Toll? Was meinst du denn damit?«

Puh, das entwickelte sich hier langsam zu einem Hürdenlauf. (Ich mache Leichtathletik, habe ich das schon erwähnt?) Erst Wochen später kam ich dahinter, dass Linda das Wort »toll« für den Gipfel der Belanglosigkeiten hält (ihre Worte). Sie streicht es immer mit rotem Stift durch.

Tiefer Seufzer. Warum will ich eigentlich Schriftstellerin werden? Weil ich es einfach will. Wann ich auf die Idee gekommen bin, weiß ich nicht, aber ich kann mich nicht erinnern, dass ich je etwas anderes werden wollte.

»Es ist etwas, das ganz von selbst kommt, das Schreiben, meine ich. Ich schreibe auch im Kopf, ich meine ... wenn ich etwas erlebt habe, mache ich daraus eine Geschichte, als wäre ich die Hauptfigur in einem Buch. Und manchmal denke ich mir dann ein anderes Ende aus. Das mag ich, glaube ich, am liebsten, dass ich selbst bestimmen kann, was passiert und wie es endet. Und ich erfinde ständig Geschichten für Kalle. Das habe ich schon getan, da konnte ich noch nicht einmal schreiben.«

Linda schaute mich immer noch über den Brillenrand hinweg an. Sie lachte mich nicht aus. Erste Hürde genommen!

Jetzt traute ich mich zu fragen: »Du gibst doch jeden Dienstag einen Schreibkurs. Kann ich da nicht mitmachen?«

Sie gibt den Kurs bei sich zu Hause, im Wohnzimmer. Jeden Dienstag stehen in ihrem Vorgarten lauter Damenfahrräder. Und letzte Woche habe ich sogar einen Mann hineingehen sehen. Es dauert oft bis Mitternacht. Dann wache ich von den rasselnden Fahrradschlössern und dem Gequatsche auf der Straße auf.

»Bei meinem Schreibkurs? Kind, nicht doch, das ist nichts für dich. Da würdest du nur zwischen lauter Frauen mittleren Alters sitzen, die einen Bestseller schreiben wollen, über Shoppingexzesse und den heimlichen Sex mit dem Nachbarn. Und andauernd dieser Weißwein, dieser ewige Weißwein. Das ganze Geschreibsel schwimmt in Chardonnay. Nein, du musst erst mal deinen eigenen Stil entwickeln.«

»Äh. Und wie mach ich das?«

»Einfach schreiben. Viel schreiben. Üben, üben und nochmals üben. Und ab und zu lässt du mich etwas lesen, dann gebe ich dir Tipps und kritisiere dich. Falls du Kritik vertragen kannst.«

Mein Herz machte einen Sprung. Sie wollte mir helfen, ich erhielt Privatunterricht! Natürlich konnte ich Kritik vertragen. Na ja, eigentlich nicht, aber das würde ich schon noch lernen.

»Und wie viel kostet das?«, fragte ich leise und merkte sofort, wie stumpfsinnig sich das anhörte.

»Was hast du gesagt?«, fragte sie.

»Ich kann nicht viel bezahlen oder so.«

»Natürlich nicht, Kind, bist du verrückt, das möchte ich doch gar nicht. Aber du kannst mir als Gegenleistung gerne ein bisschen im Garten helfen.«

In Ordnung, das konnte ja nicht so schwer sein, zumindest nicht, wenn sie mir sagen würde, was ich tun sollte. Dann kriegte ich eben Schreib- und Gärtnerunterricht.

3.

Wir vereinbarten, dass ich jeden Freitag nach der Schule zu ihr kommen sollte. Für unser erstes Treffen hatte ich ein paar Geschichten ausgedruckt. Kurze Geschichten, die ich mir für Kalle ausgedacht hatte. Linda las sie, während wir im Garten Tee tranken. Aus den Augenwinkeln versuchte ich zu erkennen, was sie davon hielt. Sie legte die DIN-A4-Seiten neben sich auf die Gartenbank. Nero setzte sich gleich mit seinem molligen roten Körper darauf.

Jetzt kommt's, dachte ich.

Aber es kam nichts. Sie sagte nichts dazu.

Stattdessen fragte sie: »Was passiert mit dir, wenn du ein gutes Buch liest?« Sie wartete meine Antwort nicht ab. »Dann siehst du die Figuren und Szenen vor dir, wie in einem Film. Dann werden Worte zu Bildern. Dann verlierst du dich in der Geschichte, dann lebst du mit der Hauptfigur mit. Du siehst, was sie sieht und hörst, was sie hört. Du riechst sogar, was sie riecht. Du vergisst, dass es nur Buchstaben auf Papier sind, dass dir ein Schriftsteller nur etwas vorgaukelt. Und wenn du später an die Geschichte zurückdenkst, siehst du wieder alles vor dir.«

Ich nickte. Ich kann mich noch daran erinnern, dass mein Vater mir *Heidi* vorgelesen hat und dass ich gefühlt habe, wie warm ihre Füße in den dicken, schweren Bergschuhen gewesen sein mussten und wie herrlich es gewesen sein muss, sie auszuziehen und barfuß durch das feuchte Gras der Bergwiese zu rennen. »Wie nun das Kind sich so frei und leicht fühlte», diesen Satz habe ich mir gemerkt. Und ich habe das auch gefühlt, ich habe Heidis Erleichterung gespürt und den Duft der Blumen auf der Wiese gerochen.

»Um bildhaft zu schreiben, musst du all deine Sinne gebrauchen und sehr genau beobachten. Und detailliert aufschreiben, was du siehst, hörst und riechst. Das musst du als Erstes lernen. *Show, don't tell* nennt man das im Schriftstellerjargon.«

Ich hatte inzwischen mein Handy in der Hand und tippte hastig ein, was sie sagte.

»Show, don't tell?«, fragte ich.

»Zeigen, nicht erzählen. Erzähle nicht, dass deine Hauptfigur traurig ist, sondern beschreibe, wie sie mit hängenden Schultern durch die Stadt trottet. Erzähle nicht, dass sie etwas wirr ist, lasse sie lieber ständig zu spät zu Verabredungen kommen oder Dinge vergessen. Beschreibe die Löcher in ihrer Jeans und ihr ungekämmtes Haar. Beschreibe, dass sie dauernd den Schlüsseldienst rufen muss, weil sie ihren Hausschlüssel wieder einmal in der Wohnung hat liegen lassen. Verstehst du? Es geht darum, dass du Gefühle und Charaktereigenschaften zeigst, so ähnlich wie im Film, ohne sie zu benennen.«

»Ich soll also ...«

»Schreiben. Schreib auf, was du erlebst. Eine Art Tagebuch.«

»Ein Tagebuch? Aber das führe ich doch schon lange!«

»Ich meine kleine Textpassagen über dein Leben, die auch andere lesen dürfen. Es geht darum, dass deine Leser das erleben, was du erlebst, dass sie sehen, was du siehst. Du darfst auch gerne manchmal etwas dazuerfinden.«

Na gut, das war etwas anderes. Trotzdem. Ich wollte doch eigentlich ein Buch schreiben, einen Roman!

»Du solltest nicht gleich einen Roman schreiben wollen«, sagte Linda.

Huch, konnte sie etwa Gedanken lesen?

»Jeder Anfänger will sofort ein Buch schreiben, aber das ist wie ein Marathonlauf ohne Training. Man gibt auf halbem Wege frustriert auf.« Darunter konnte ich mir natürlich etwas vorstellen.

»Du wirst erst ein paar Techniken lernen und deine Schreibmuskeln trainieren. Dabei entdeckst du dann, was am besten zu dir passt. Vielleicht sind Kurzgeschichten deine Stärke. Oder es steckt eine Dichterin in dir. Wenn man mit Leichtathletik anfängt, weiß man doch auch noch nicht, ob man ein Hundert-Meter-Läufer oder ein Langstreckenläufer ist, oder?«

Sehr spannend klang das nicht gerade, Techniken erlernen und Schreibmuskeln trainieren. Aber Linda wird es schon wissen. Sie hat schon neunzehn Bücher geschrieben und drei Preise gewonnen.

Und plötzlich hatte ich eine fa-bel-haf-te Idee. Ich dachte: Ich werde auch aufschreiben, was Linda mir beibringt. Dann kann ich später, wenn ich berühmt bin, nachlesen, wie alles einmal angefangen hat.

»Katinka Kapteijn, herzlichen Glückwunsch zum AKO Literaturpreis. Haben Sie als gefeierte Schriftstellerin, und als solche darf ich Sie nach vier Bestsellern gewiss bezeichnen, einen Tipp für Jungautoren?«

»Nun, Herr van Nieuwkerk, lassen Sie mich nur eines sagen. Es ist derselbe Tipp, den ich bekommen habe, als ich mit dem Schreiben angefangen habe: Man sollte nicht gleich einen Roman schreiben wollen. Ich sage zu Anfängern immer, dass sie erst ihre Schreibmuskeln trainieren müssen. Das habe ich auch getan. Und Sie sehen ja, was aus mir geworden ist.«

4.

Als ich zu Hause war, setzte ich mich sofort an meinen Laptop und legte den Ordner »katinkaschreibt« an. Ich öffnete ein neues Word-Dokument. Und während der Cursor oben in der linken Ecke flackerte, dachte ich: Ist mein Leben überhaupt interessant genug? Wer will schon etwas über eine Katinka Kapteijn aus Hilversum lesen, einem dreizehnjährigen Mädchen, das in die sechste Klasse geht, Leichtathletik macht und die Ferien mit ihrem Vater und Bruder in einem alten Wohnwagen auf Terschelling verbringt? Wie spannend.

»Lass deine Leser erleben, was du erlebst«, hatte Linda gesagt. Nur, was erlebte ich schon großartig?

Da saß ich nun mit meinem Traum, Schriftstellerin zu werden. Fing ja gut an. Ich klappte den Laptop zu und stellte mich vor Papas Bücherregal. Mit dem Finger strich ich über die Buchrücken. Ich las die Titel, bis mein Finger schwarz war vom Staub.

Ich holte ein Geschirrtuch und staubte die Bretter ab. Mit einem Mal fiel mein Blick auf *Vater und Töchter* von Martin Bril. Den kannte ich. Eine Stunde später hatte ich alle Geschichten in dem Buch gelesen. Über die Katze, übers Nasebohren, eine Achselrasur und wie man ein Ei kocht. Und über seine Töchter natürlich. Geschichten über ganz alltägliche Dinge. Nichts Besonderes. Aber ich konnte nicht aufhören zu lesen. Ich sah alles vor mir. Ich erlebte alles mit. Und es spielte keine Rolle, ob es der Wahrheit entsprach.

Das war es also! Es war egal, worüber man schrieb. Es ging darum, wie man etwas beschrieb. Und dann wusste ich, worüber ich schreiben würde. Nämlich darüber, wie Dirkje in unser Leben gekommen ist. Ich warf das Geschirrtuch in eine Ecke, klappte den Laptop auf und krempelte die Ärmel hoch. Aber meine Finger blieben auf den Tasten liegen und wieder betrachtete ich den flackernden Cursor. Wenn ich über Dirkje schreiben wollte, musste ich erst erklären, dass meine Mutter nicht mehr da ist, und von Vater und Kalle erzählen, von unserem Haus und dass wir nie am Tisch essen. Ich musste am Anfang anfangen. Wo aber fängt der Anfang an? Es war einmal ein Mädchen aus Hilversum?

5.

»Ich weiß nicht, wo ich anfangen soll«, sagte ich zu Linda.

Es war erst Samstag, aber ich konnte doch nicht eine ganze Woche bis zur nächsten Schreibstunde warten. Also bin ich, als ich sah, wie sie sich in der Einfahrt an der Hecke zu schaffen machte, zu ihr hinübergelaufen.

»Du brauchst nicht bei Adam und Eva anzufangen«, erwiderte sie. »Beginne mit der Leiche.«

»Der Leiche?«

»Ja, wie in einem Krimi. Ein Krimi beginnt oft mit einer Leiche. So kann der Leser das Buch nicht mehr aus der Hand legen. Er muss einfach wissen, wer der Mörder ist und welches Motiv er hatte.«

Ich liebe Krimis. Mein Vater und ich schauen immer *Inspector Barnaby*. Papa kann Barnabys Stimme perfekt imitieren. Wir schließen immer eine Wette ab. Nach einer halben Stunde muss jeder auf einem Zettel notieren, wen er für den Täter hält. Die Zettel kommen dann in die Keksdose und dazu je ein Euro. Wer richtig geraten hat, bekommt das Geld. Manchmal liegen wir beide falsch und das Geld bleibt bis zur nächsten Folge in der Dose. So sind immer ein paar Münzen zwischen den Butterkeksen, was manche Leute eklig finden, wir aber nicht.

»Ich meine, dass du nicht chronologisch schreiben musst«, sagte Linda. »Du kannst ruhig mittendrin anfangen und später zurückblicken oder vorausschauen, das macht es viel spannender. Oder du fängst mit dem Ende an.«

»Meinst du sowas wie Rückblenden?«

»Rückblenden, ja, so kannst du es auch nennen. Wenn du einen Aufsatz über einen Schulausflug schreibst, kannst du so anfangen: ›Der Bus fuhr um halb neun ab.‹ Oder du machst es spannender, zum Beispiel: ›Heute stand ich einem schwarzen Panther Auge in Auge gegenüber‹, oder: ›Heute habe ich zum ersten Mal einen Jungen geküsst.‹«

Dann lieber der Panther.

»Und wenn ich am Ende anfange?«, fragte ich.

»Dann beschreibst du zum Beispiel eine Szene, in der du auf der Unfallstation im Krankenhaus liegst und die Ärzte dich gerade mit zwanzig Nähten wieder zusammenflicken. Und danach erzählst du, wie es dazu gekommen ist.«

»Ich kann einfach so irgendwo beginnen?« Ich tippte »Szene« in mein Handy.

»Nicht einfach so, du musst schon eine Szene wählen, durch die der Leser neugierig und in die Geschichte hineingezogen wird.«

Logisch.

»Möchtest du Tee?«

»Äh, nein danke, beim nächsten Mal vielleicht, ich hab noch was zu tun.«

»Und schauen, hörst du«, rief sie mir noch nach. »Gut hinschauen, wie andere Autoren es machen.«

6.

Ich bin ihr zufällig auf der Fähre nach Harlingen begegnet.

Ich hielt einen großen Tisch frei. Es war das Ende der Maiferien und das Sechs-Uhr-Schiff war überfüllt. Die meisten Reisenden waren sofort hineingestürmt, es war kalt auf dem Deck.

»Kann ich hier meine Pommes essen?« Eine Frau mit blonden Locken und einem Tablett in den Händen stand neben meinem Tisch.

»Äh, ja, natürlich«, sagte ich und nahm die Tasche meines Vaters vom Stuhl gegenüber.

Sie warf Rucksack, Schal und Jacke auf den Boden und setzte sich zu mir. Auf dem Tablett stand ein großer Teller Pommes mit Ketchup und Mayo.

»Prima, ich bin auch gleich wieder weg«, sagte sie. »Willst du welche?« Sie schob das Tablett in die Mitte des Tischs.

»Ich habe schon gegessen«, antwortete ich. Was nicht stimmte. Wir hatten uns die Rosinenbrötchen und Äpfel für die Fahrt aufgehoben.

»Bist du ganz allein hier?«, fragte sie.

»Nein, mein Vater und mein Bruder sind an Deck und winken dem Brandaris zum Abschied nach.« Mein Vater war der Meinung, es sei der schönste Leuchtturm der gesamten Nordseeküste.

»Und deine Mutter?«

»Die ist tot.«

»Oh«, sagte sie. »Und wie lange schon?«

»Zehn Jahre. Ich war drei.«

Sie steckte sich eine Pommes in den Mund. »Willst du wirklich nichts? Ich schaffe es eh nicht allein. Ich heiße übrigens Dirkje.«

»Ich bin Katinka«, erwiderte ich und tunkte eine Pommes in die Mayo.

Sie wollte wissen, was ich auf Terschelling gemacht hatte. Sie lehnte auf ihrem linken Ellbogen, die Hand in den Locken vergraben. Sie trug einen dicken, gestrickten Rollkragenpullover mit Fransen am Ärmelbündchen und Aufnähern an den Ellbogen. Und einen knallroten Lippenstift. Echt feuerrot und bestimmt sehr teuer, denn er färbte an ihrem Weinglas nicht ab.

»Machst du auch mal Mädchenkram?«, fragte sie. Ich hatte ihr erzählt, dass wir viel mit dem Rad unterwegs gewesen und durch die Dünen gewandert sind.

»Mädchenkram?«

»Nun ja, teure Klamotten anprobieren, aber nichts kaufen. Oder Make-up in der Drogerie testen. Oder in einem Straßencafé sitzen und die Kleidung der Passanten benoten und ...«

Während sie redete, sah ich meinen Vater und Kalle auf uns zu kommen.

»Naaaa, das sieht aber gemütlich aus«, sagte Papa.

Dirkje blickte auf, erwiderte nichts und mit einem Mal erschien ein breites Lächeln auf ihrem Gesicht. Ich dachte, gleich würde ihr Lippenstift Risse bekommen. Mein Vater stand da und starrte auf diesen knallroten Mund.

»Papa, das ist Dirkje.« Irgendjemand musste ja etwas sagen.

Mein Vater kam allmählich wieder zu sich und gab Dirkje die Hand. »Hein. Äh, Hein Kapteijn. Und das hier ist, äh, Kalle. Und Katinka, meine Tochter.«

Jaja, das wusste sie bereits.

»Kannst du Mau-Mau spielen?«, fragte Kalle. Er hatte die Spielkarten schon aus seiner Tasche geholt.

Und so saßen wir eine Viertelstunde nach Abfahrt zu viert um den Tisch und spielten Karten. Die Mädchen gegen die Jungs, das hatte sich Kalle einfallen lassen. Natürlich haben wir gewonnen, Dirkje und ich, denn mein Vater interessierte sich mehr für ihren roten Mund als für seine Karten.

Anderthalb Stunden später kam die Durchsage, dass wir uns dem Hafen von Harlingen näherten.

»Was, jetzt schon?«, fragte Dirkje, schnappte sich ihre Jacke und wickelte sich den Schal um. »Ich muss schnell zum Ausgang, damit ich den Zug nach Utrecht noch erwische.« Sie hievte den Rucksack hoch und gab uns allen die Hand. Mir zwinkerte sie noch zu.

Als sie weg war, sagte Kalle zu Papa: »Aber sie kann doch auch mit uns fahren!«

Mein Vater blickte Dirkje regungslos nach. Es dauerte eine Weile, bis er reagierte. »Na klar, ja, ich werde sie mal fragen, ja.« Und dann rannte er hinter Dirkje her. Oder besser: Er stolperte hinter ihr her.

»Stopp!«, rief Linda. Wir saßen in ihrem Garten. Ich las ihr gerade vor, was ich geschrieben hatte (»laut lesen, dann hörst du selbst, wo es hapert«) und hatte den Mund für den nächsten Satz bereits wieder geöffnet. Linda riss mir das Blatt Papier aus den Händen. Sie las das letzte Stück noch einmal und setzte einen roten Strich unter »Er stolperte hinter ihr her.«

»Hier musst du aufhören, der Rest ist Gewäsch.« Sie machte den roten Strich noch etwas dicker.

Ich betrachtete die letzten Sätze, an denen ich über eine halbe Stunde gearbeitet hatte. Gewäsch?

»Schau, wenn du hier aufhörst, wollen die Leser unbedingt wissen, wie es weitergeht. Findet Katinkas Vater Dirkje tatsächlich im Gedränge der Fähre oder sieht er sie nie wieder? Knallt er gegen eine Glastür und landet im Krankenhaus? Und falls er Dirkje wirklich findet, möchte sie dann auch mitfahren? Was passiert im Auto? Du willst doch, dass der Leser die Seite umblättert, deshalb müssen noch ein paar Rästel offen bleiben. Überleg mal, wie sie das in den Fernsehserien machen. Alles Cliffhanger.«

Mein stolpernder Vater als Cliffhanger, wenn der wüsste.

7.

Es wurde mit jedem Tag schwieriger. Das Schreiben, meine ich. Früher habe ich einfach aufgeschrieben, was mir in den Sinn gekommen ist. Jetzt denke ich dauernd an *show, don't tell*, an *Rückblenden* und *Cliffhanger*. Und gestern hat Linda auch noch angefangen, von Dialogen zu reden. Ich traute mich nicht, ihr zu sagen, dass mir ganz schwindelig wurde. Jetzt schon.

Zum Glück haben wir erst einmal im Garten gearbeitet. Ich kniete in einem Beet und pflanzte Petersilie und Basilikum ein. Linda saß auf einem Hocker und gab mir Anweisungen. Loch graben, einen Schwall Wasser rein, Sämling an den Blättern greifen, Wurzeln in das Loch stecken, Erde andrücken. Und aufpassen, dass Nero sich nicht darauflegt.

Dialoge schreiben ist jedenfalls schwieriger als Kräuter einpflanzen. Wenn man aufschreibe, wie ein Gespräch wirklich verlaufe, dann könne es wegen all den »Hms« und »Ähs« und anderem sinnlosen Gebrabbel schnell langweilig werden, sagte Linda. Von ihrem Hocker aus führte sie eine Theaterszene vor. Ungefähr so:

»Hallo.«

»Oh, hallo.«

»Wie geht's?«

»Gut, und dir?«

»Ja, auch gut. Möchtest du was trinken oder so?«

»Äh, ja. Gerne.«

»Was willst du?«

»Hm, eine Cola vielleicht.«

»Hab ich nicht. Aber Orangensaft oder Apfelsaft.«

»Ach, dann halt Orangensaft.«

»Bitteschön.«

»Hm, lecker, danke.«

»Lebensecht«, sagte Linda, »aber leider total uninteressant.«

Ich fand es ganz lustig, vor allem wegen der Stimmen, die sie dabei imitierte.

»Warte, jetzt ein völlig anderer Dialog. Lass mich kurz nachdenken.« Linda schloss die Augen. Ich setzte die letzten Pflanzen in die Erde.

»Dialog zwischen zwei Freundinnen, die sich auf einer Party treffen«, kündigte Linda die nächste Szene an.

»Hey, hallo! Du hier?«

»Was dagegen?«

»Mensch, wie geht's denn so?«

»Na, was glaubst du?«

»Äh, na ja ...«

»Ja, genau so.«

»Soll ich dir einen Wein holen?«

»Das ist wohl das mindes...«

»Was ist hier los?«, fragte Linda.

»Äh, der einen geht es, glaube ich, nicht so gut.

Sie ist auf die andere sauer.«

»Und die andere?«

»Die versucht, nett zu sein. Ich denke, sie fühlt sich ein bisschen schuldig.«

»Und doch steht nirgendwo, dass die eine sauer ist und die andere sie wie ein rohes Ei behandelt«, sagte Linda. »Und genau das macht so einen Dialog interessant. Man fühlt die Spannung einfach.«

Als wir die Gartengeräte weggeräumt hatten und wieder auf der Bank saßen, sagte sie: »Für Dialoge gilt dasselbe wie für richtige Gespräche: Was die Leute nicht sagen, ist mindestens genauso wichtig wie das, was sie tatsächlich sagen.«

»Verstehe.« Ich seufzte tief. Ich musste also lernen, das aufzuschreiben, was die Leute nicht sagen.

Das »ich seufzte tief« habe ich mir später ausgedacht. Puh, was ich alles noch lernen muss. Aber mit diesen vier Wörtern habe ich schön *show, don't tell* angewendet. Und in der Zwischenzeit meinen Vater noch etwas an der Klippe hängen lassen.

8.

Nein, mein Vater fiel weder die Treppe noch sonst etwas herunter, und ja, er hat Dirkje im Gedränge auf der Fähre wiedergefunden. Sie wollte gerne mitfahren. Würde sie halt in Hilversum den Zug nach Utrecht nehmen.

Und so standen wir, Dirkje, Kalle und ich, mit unseren Taschen zwischen all den anderen Familien beim Fähr-Terminal am Harlinger Hafen und warteten, bis mein Vater das Auto vom Parkplatz geholt hatte. Fast wie eine normale Familie.

Warum es so lange gedauert hatte, verstand ich erst, als ich eingestiegen war. Mein Vater hatte das Auto aufgeräumt. Wir werfen nämlich unsere Flaschen, Schachteln, Strohhalme, Schokoladenpapierchen, Butterbrottüten, zerkauten Kaugummis (in Papier gewickelt, das schon), Bananenschalen und Apfelgrotzen immer auf den Boden vor dem Beifahrersitz. Das ist unser Mülleimer. Dort sitzt ja nie jemand.

Ich hatte mir vorgenommen, diesmal auf der Fahrt nicht einzuschlafen, aber ich erinnere mich nicht einmal mehr an den Deich gleich hinter Harlingen. Ich wachte erst wieder auf, als das Auto stillstand und ich die Kofferraumtür zuschlagen hörte. Dies war eindeutig nicht der Bahnhof von Hilversum, sondern ein Haus mit Vorgarten in einer Straße mit vielen Bäumen. Sie gingen gemeinsam zur Haustür, Dirkje vorneweg, mein Vater mit ihrem Rucksack über der

Schulter hinterher. Dann gab sie ihm einen Kuss (auf die Wange) und öffnete die Tür. Mein Vater kam zum Auto zurück. Der Rucksack, dachte ich. Du hast den Rucksack noch.

»Mein Rucksack«, rief Dirkje.

Papa ging wieder zu ihr zurück. Großes Gelächter. Noch ein Kuss. Tschüss, tschüss. Winke, winke.

Man kann's auch übertreiben.

»Bist du wach?«, flüsterte mein Vater. Kalle schlief jedenfalls.

»Wo sind wir?«

»In Utrecht, ich bin einfach durchgefahren.«

»Soll ich nach vorn kommen?« Eigentlich ist das nicht erlaubt, denn es sei für Kinder der gefährlichste Platz im Auto, meint mein Vater.

Ich kletterte nach vorn. Der Sitz war noch ganz warm von Dirkje und ich konnte ihr Parfüm riechen. Mein Vater machte das Radio an, leise. Als wir auf der Autobahn waren, fielen dicke Tropfen auf die staubige Windschutzscheibe. Der Scheibenwischer hinterließ auf meiner Seite Streifen, ein Blatt war eingeklemmt.

Mein Vater grinste über das ganze Gesicht, sodass ich mich fragte, ob er überhaupt auf die Verkehrsschilder achtete. Das musste ich wohl übernehmen. Sonst hätten wir noch die Ausfahrt nach Hilversum verpasst.

»Muss ich nicht beschreiben, wie mein Vater aussieht? Was für Klamotten er trägt, wie groß er ist,

was er von Beruf ist und welche Hobbys er hat?«, fragte ich Linda.

»Nein, es sei denn, du möchtest eine Kontaktanzeige für ihn aufgeben. Aber das ist, wie ich lese, wohl nicht mehr notwendig.« Sie lachte laut über ihren eigenen Witz.

»Aber die Leser müssen ihn doch vor sich sehen.«

»Die Leser lernen deinen Vater dadurch kennen, was er tut, was er sagt und wie er spricht. Du musst nicht sofort alles preisgeben. Es ist viel interessanter, wenn du deine Figuren nach und nach zum Leben erweckst und unmerklich mit Einzelheiten ausstattest. Und du darfst natürlich auch einiges der Fantasie des Lesers überlassen.«

»Mit Einzelheiten ausstatten«, tippte ich in mein Handy.

»Nimm dir mal einen Marker«, sagte Linda, »und streiche die Passagen und Zitate an, die von deinem Vater handeln. Versuche, dort noch ein paar Details einzuarbeiten. So machst du das mit allen Hauptfiguren. Du kannst auch andere Figuren etwas über deinen Vater sagen lassen. Zum Beispiel, dass er ein Chaot ist.«

Chaot. Das kann man wohl sagen.

9.

Es war das erste Mal, dass Papa mir nicht zuschaute, als er mich zu einem Leichtathletik-Wettkampf in Utrecht brachte.

»Ich muss noch ein paar Besorgungen machen«, sagte er.

Mein Vater kann nicht lügen.

»Ist gut«, erwiderte ich. Es war sowieso kein wichtiger Wettkampf. Ich fand es ziemlich cool, das allein durchzuziehen.

Aber als er mich um vier Uhr wieder abholte, sah ich im Auto nicht eine Einkaufstüte. Aber Lippenstift unter seiner Nase.

»Hast du alles bekommen?«, fragte ich.

»Äh, nein, sie hatten es nicht.«

Ich hätte natürlich weiterbohren können. Was hatten sie nicht? Und wo hatten sie es nicht? Und warum er so lange gebraucht hat, wenn sie es nicht hatten?

Aber ich sagte: »Ich bin Zweite geworden.«

»Schön, sehr schön.« Er fragte nicht in welcher Disziplin.

Als wir im Auto saßen, stellte ich die Frage doch. »Wie war's bei Dirkje?«

Er blickte mich im Rückspiegel an, öffnete den Mund und schloss ihn wieder. Danach grinste er.

»Sie kommt demnächst zum Essen«, sagte er. »Wenn es euch nichts ausmacht. Sie hat Lust, euch einmal wiederzusehen.«

Kalle würde vor Freude an die Decke springen. Könnte er wieder Karten spielen. Und ich? Ich dachte: Tja, so läuft das. Erst finden sie es toll, uns zu sehen. Nach einer Weile wird es normal und dann möchten sie gerne einmal ein Wochenende mit unserem Vater allein sein.

»Ich freu mich, Papa«, sagte ich. Und das meinte ich auch so.

Dieses Stück war zuerst doppelt so lang. Nein: dreimal so lang.

Linda gab mir eine Aufgabe. Ich sollte zehn Sätze streichen. Danach sollte ich das Stück gut durchlesen und prüfen, ob der Leser noch folgen konnte. Und anschließend durfte ich nur noch ein paar Wörter hinzufügen.

Ich rannte nach Hause und holte meinen Laptop.

Während Linda mit Nero auf dem Schoß ein Buch las, löschte ich zehn Sätze und verwob den restlichen Text wieder. Dann ließ ich ihn Linda auf dem Bildschirm lesen.

»Prima«, sagte sie. Aber ich glaube, sie hatte ihn gar nicht gelesen.

»Und jetzt dasselbe nochmal.«

»War es denn nicht gut?«, fragte ich.

»Du erklärst zuviel«, sagte sie. »Es wird viel spannender, wenn du nicht alles erzählst.«

»Spannender?«

»Du musst gerade genug erzählen, um die Leser neugierig zu machen. Dass sie sich fragen: Wieso lügt Katinkas Vater? Wie kommt der Lippenstift in sein Gesicht und was haben Dirkje und er getan?«

Ich verschluckte mich an meinem Tee.

»Als Schriftsteller bedenkt man nicht nur, was man aufschreiben will, sondern auch und vor allem, was man weglässt«, sagte Linda.

10.

Alle drei Monate kommt meine Tante Addie zu Besuch.

»Um die Erziehung zu steuern«, wie mein Vater sagt.

Sie ist seine älteste Schwester, ihre Kinder sind schon aus dem Haus. Als meine Mutter gerade gestorben war, hat sie viel für uns getan. Sie hat uns neue Kleidung gekauft (Papa auch), ging mit Kalle und mir zum Frisör und passte abends auf uns auf. Als Gegenleistung darf sie sich bei unserer Erziehung einmischen. Meint sie.

»Wir dulden sie«, sagt mein Vater, »denn sie ist meine Schwester.«

Dulden. Ich kann mir nicht vorstellen, dass ich später einmal so über Kalle reden werde.

Sie rief an, um sich anzukündigen. Ich hatte den Hörer abgenommen.

Sie wollte Freitag vorbeikommen.

»Freitagnachmittag bin ich nicht da«, sagte ich.

»Warum nicht?«, fragte sie. So ist sie nun mal.

»Da bin ich immer bei Linda.«

»Bei Linda? Der Schriftstellerin? Was willst du denn bei der?«

»Nur ein bisschen im Garten helfen und so.«

»Wie lange denn, doch nicht den ganzen Nachmittag?«

Schließlich verabredeten wir, dass sie gegen halb acht vorbeikommen würde. Das bedeutete, dass wir nicht wie sonst *logo!* gucken konnten. Aber das duldeten wir dann eben auch.

Es wurde dann doch ganz gemütlich. Dank meines Vaters, der Geschichten aus seiner Jugend erzählte.

Um neun Uhr ging ich gleichzeitig mit Kalle nach oben. Aber kurze Zeit später saß ich auf der untersten Treppenstufe und belauschte das Gespräch zwischen Papa und Addie. Ich konnte es nicht lassen. Bei Addie dachte ich immer: Sie heckt bestimmt wieder etwas aus.

Nach etwas Geplauder über Papas Arbeit, hörte ich sie fragen: »Was macht Katinka denn bei dieser Linda?«

»Sie hilft ein bisschen im Garten. Und ich glaube, Linda gibt ihr ab und zu Schreibstunden.«

»Nachhilfestunden? Warum? Ich dachte, sie macht sich ganz gut in der Schule.«

»Schreibstunden, Addie, keine Nachhilfe. Wirst du langsam taub? Katinka schreibt gerne Geschichten.«

»Aber trifft sie sich auch mit Gleichaltrigen?«

Mein Vater sagte etwas über Leichtathletik und Klassenkameraden. Ich hob den Daumen Richtung Tür.

Dann hörte ich Addie sagen, dass es für mein ... soziales ... (ich verstand nicht alles) nicht gut sei, wenn ich so viel Zeit mit Erwachsenen verbringen würde.

»Das ist doch halb so schlimm, Addie.«

»Hat sie Freundinnen?«

»Natürlich hat sie Freundinnen.«

»Ich wette, du kennst nicht einmal ihre Namen.«

»Äh, aber ja«, erwiderte mein Vater. »Noor, und äh ... Bettie, und dann ist da noch eine Merel.«

Gut gemacht, Papa! Die sind in meiner Klasse. Und mit Noor trainiere ich, wir joggen manchmal miteinander.

»Ich meine nur, du solltest auf Tuchfühlung bleiben. Sie ist doch ziemlich verletzlich.« Kurze Stille. »Und findet diese Linda es nicht ein wenig belastend, jeden Freitagnachmittag ein Kind zu Besuch zu haben?«, fragte Addie.

»Ich glaube, Linda kann für sich selbst eintreten«, sagte mein Vater.

Findet Linda es nicht belastend ... Hätte ich bloß nicht gelauscht, denn das blieb mir die restliche Woche im Kopf hängen.

»Meine Tante hat wieder einmal rumgenörgelt«, erzählte ich Linda eine Woche später.

»Schieß los!«, sagte sie und machte es sich gemütlich.

»Sie hat Angst, dass ich zu wenig mit Altersgenossen zusammen bin. Das sei nicht gut für meine äh ...«

»Deine soziale Entwicklung?«, fragte Linda.

»Ja, das könnte hinkommen«, antwortete ich.

Sie seufzte tief. »Was soll man dazu sagen?«

Dabei beließ sie es.

Ich auch.

Als ich gegen Abend ging, sagte sie: »Ich freue mich schon auf nächste Woche.«

Und ich hüpfte nach Hause.

11.

Mit hochrotem Kopf schmierte mein Vater Butterbrote für uns. Er hatte superweiße, nagelneue Nikes an, eine ausgeleierte aschgraue Jogginghose und ein verwaschenes T-Shirt mit der Aufschrift BIERBAR ZUR PULLE. Auf seinem Rücken war ein großer nasser Fleck.

»Ich war joggen«, sagte er, bevor ich etwas fragen konnte.

»Joggen? Papa, du hast doch noch nie Sport getrieben!«

»Einmal ist immer das erste Mal«, erwiderte er. Schweiß tropfte von seinen Schläfen.

Das sah schwer ungesund aus. Und schwer lächerlich, mit dieser Vorkriegs-Jogginghose.

»Hast du dich vorher wenigstens aufgewärmt? Und wie weit bist du gelaufen? Du musst es nämlich langsam angehen, weißt du?«

Beim Halbmarathon über die Heide ist vor Kurzem ein fünfundfünfzig Jahre alter Mann tot umgefallen. Einfach so, bumm, tot.

»Soll ich dir einen Trainingsplan downloaden?«

Das fand er eine gute Idee.

Ich weiß übrigens nicht, was gerade mit ihm los ist. Heute Mittag hat er plötzlich Mineralwasser statt Bier getrunken und auf den Nachtisch verzichtet.

Doch, natürlich weiß ich, was mit los ist.

Diesen Text habe ich bei Linda geschrieben. Ich war drüben bei ihr und beklagte mich über Papa. »Mein Vater ist verliebt oder hat so ein Midlife-Ding. Oder beides. Jedenfalls benimmt er sich komisch und ungesund. Fängt auf einmal zu joggen an, das kann doch nicht gut sein bei diesem Bauch! Ich hatte heute früh richtig Angst um ihn, als er keuchend und mit rotem Kopf am Frühstückstisch saß. Demnächst stirbt er mir auch noch weg.«

»Schreib dir das mal von der Seele«, sagte sie.

»Jetzt? Hier?« Ich hatte meinen Laptop nicht dabei.

»Warum nicht? Aber ohne die Gefühle zu benennen. Also nicht aufschreiben, dass er verliebt ist und dass du beunruhigt bist.«

Jaja, show, don't tell.

Linda gab mir Stift und Papier und ging mit einer Blumenschere in den Garten. Nero lief wie ein Hund hinter ihr her. Ich brauchte eine Viertelstunde für meine kurze Geschichte und vermisste die Löschtaste von meinem Laptop. Das Blatt war übersät mit Strichen. Als ich fertig war, las Linda meine Geschichte, den Rotstift im Anschlag. Zwei Sätze unterstrich sie. Da stand: »Er trug Turnschuhe und Sportklamotten.«

»Verwende konkrete Details«, sagte sie. »Damit erzählst du etwas über deine Figur.«

Ich habe mich immer noch nicht daran gewöhnt, dass sie Papa eine Figur nennt.

»Wie meinst du das?«

»Was für Turnschuhe hatte er an? Was für Kleidung? Die Leser müssen es …«

»Klar, sie müssen es vor sich sehen.«

»In einem meiner Bücher beschreibe ich in einer Szene einen Mann, der nach dem Streit mit seiner Frau wieder nach Hause kommt, um sich mit ihr zu versöhnen. Mit einem Blumenstrauß in der Hand. Ich hätte schreiben können: ›Er brachte ihr Blumen mit.‹ Aber damit beschwörst du kein Bild herauf. Waren es fünfzig Rosen oder gab er ihr einen Strauß selbstgepflückter Kornblumen? Bemerkst du den Unterschied?«

Ja, Linda würde auf Kornblumen stehen.

»Und?«, fragte ich. »Welche Blumen hast du ihn mitbringen lassen?«

»Einen Strauß Chrysanthemen von der Tankstelle. Was für ein Schnösel.«

Sie zog ein so angewidertes Gesicht, dass ich schon sagen wollte: War doch nur eine Figur, Linda.

Stattdessen sagte ich: »Mein Vater würde Dirkje auch Chrysanthemen von der Tankstelle mitbringen.«

»Aber dein Vater ist ein netter Mann. Das ist etwas anderes.«

Jetzt wird's kompliziert. Nette Männer dürfen Chrysanthemen schenken. Schnösel nicht. Aber war ein Schnösel weniger schnöselig, wenn er Kornblumen pflückte? Was war eigentlich ein Schnösel, wenn es nach Linda ging?

Mir schien es besser, das Thema zu wechseln.

»Äh, Linda ...? Wie hat dir das mit dem Mann gefallen, der auf der Heide tot umgefallen ist? Diesen Satz habe ich mit reingenommen, um zu zeigen, dass ich mir Sorgen um Papa mache. Ich darf ja keine Gefühle benennen.«

Linda lächelte. »Ist das wirklich passiert?«

»Nein, das habe ich mir ausgedacht.«

Sie klopfte mir auf die Schulter. »Eine fiktionale Figur also. Das gefällt mir.«

Als ich wieder zu Hause war, habe ich noch eine Stunde an meiner Geschichte herumgefeilt. Danach steckte ich sie in Lindas Briefkasten. Mit einer gemalten Kornblume auf der ersten Seite.

12.

Sie kam also zum Essen, am Samstag. Kalle half meinem Vater beim Kochen und ich führte Dirkje durch das Haus. In meinem Zimmer betrachtete sie die Fotos meiner Mutter, sagte aber nichts. Sie sah sich auch die Kette mit dem blauen Stein an, die neben den Fotos hängt, nahm sie aber nicht in die Hand. Sie verstand also. Meine tote Mutter gehörte mir.

Wir blieben noch lange nach dem Essen im Garten sitzen. Keiner brachte die Teller in die Küche. Kalle zeigte Dirkje seine Zaubertricks. Mein Vater öffnete die zweite Flasche Rotwein. Dirkje zündete sich eine Zigarette an. »Eine«, erklärte sie. »Ich rauche eine Zigarette am Tag und zwar nach dem Abendessen. Immer draußen, wenn es nicht regnet. Und nur mit einem Glas Wein dazu.« Ich kenne niemanden, der raucht.

Dirkje erzählte, wie sie in der Zeit nach ihrer Scheidung in einer Dachkammer gewohnt und ihre freien Tage bei IKEA verbracht hatte. »Da kann man für einen Euro wunderbar frühstücken, zwischen all den Rentnern und Rumtreibern. Danach habe ich mir ein hübsch eingerichtetes Wohnzimmer ausgesucht, mich in einen bequemen Sessel mit Fußbänkchen gesetzt und gelesen. Stundenlang, kein Mensch hat mich beachtet. Und danach noch einen Kaffee getrunken, umsonst mit meiner IKEA Family-Card natürlich. Einmal habe ich sogar auf einem der Betten ein kleines Nickerchen gemacht, mich aber nicht zugedeckt. Solange, bis mich ein Mitarbeiter wachgerüttelt hat, weil ein Kunde die Matratze ausprobieren wollte.«

Mein Vater musste lachen, Kalle musste lachen. Und ja, ich auch. Wir lachten alle und dann ging sie um halb elf, als wäre es die größte Selbstverständlichkeit, nach Hause.

Na ja, ganz selbstverständlich?

»Ich begleite Dirkje rasch zum Bahnhof«, sagte mein Vater.

Nach einer Stunde kam er zurück. Sie sind wohl recht langsam gelaufen.

»Heute reden wir einmal über Sätze«, sagte Linda am nächsten Freitag.

»Sätze ...«, wiederholte ich.

»Ja, du weißt schon, so aneinandergereihte Wörter.«

Ich prustete los. »Was ist denn mit den Sätzen?«

Ich hätte in der Schule besser bei der Grammatik aufpassen sollen, denn Linda sprach von Subjekt, der finiten Form (was war das doch gleich?), Prädikat und Akkusativobjekt, und dass man mit der Satzfolge spielen konnte.

»Im zweiten Absatz deiner Geschichte beginnt fast jeder Satz mit dem Subjekt, gefolgt von der finiten Form«, erläuterte Linda und las meine Sätze mit Betonung der ersten Wörter vor:

Wir blieben noch lange nach dem Essen im Garten sitzen.

Keiner brachte die Teller in die Küche.
Kalle zeigte Dirkje seine Zaubertricks.
Mein Vater öffnete die zweite Flasche Wein.
Dirkje zündete sich eine Zigarette an.

»Klingt ein bisschen dämlich.« Jedes Mal, wenn Linda etwas von mir vorliest, möchte ich nichts lieber, als mir die Finger in die Ohren zu stopfen.

»Nein, nein, hier ist die Wiederholung gerade gut, da steckt Rhythmus drin. Als Leser spürt man dadurch, wie der Abend vor sich hin plätschert, so wie ein träge dahinfließender Fluss.«

»Mit der Reihenfolge spielen«, tippte ich in mein Handy und danach »Rhythmus« und »Wiederholung«. Ich dachte: Ich schreibe halt einfach drauflos. Muss ich ab jetzt bei jedem Satz über die Reihenfolge nachdenken?

Linda starrte vor sich hin.

»Wenn wir schon über träge Flüsse sprechen ...«, sagte sie. Sie beendete den Satz nicht, sondern sah mich an. »Vielleicht bist du dafür noch zu jung. Andererseits hast du schon so einiges mitgemacht.«

»Mitgemacht?« Ich mache nicht so viel mit.

»Du hast keine Mutter mehr, um nur ein Beispiel zu nennen.« Stimmt.

»Was ich sagen will«, fuhr sie fort, »als Schriftstellerin musst du lernen, hinter die Dinge zu blicken. Hinter die menschliche Fassade. Worum es geht, ist der innere Konflikt. Die Dinge, die jeder von uns schon durchgemacht hat. Genau dort steckt die Geschichte.«

Der innere Konflikt also. Dabei begriff ich zum ersten Mal, dass Erwachsene auch nicht immer alles wissen. Ich dachte an meinen Vater und an Dirkje. Und als ich Linda aus den Augenwinkeln beobachtete, überlegte ich: Ich muss also nach dem inneren Konflikt Ausschau halten. Danach, was sich hinter der Fassade verbirgt. Auch bei Linda.

13.

Mein Vater arbeitet immer am großen Tisch im Wohnzimmer. Er hat damit angefangen, als meine Mutter gestorben ist. So konnte er mich und Kalle immer im Auge behalten und trotzdem arbeiten. Ich konnte gut mit mir allein spielen, aber selbst wenn Papa nur aufs Klo ging, sprang ich auf und trippelte hinter ihm her. Dann blieb ich vor der Toilettentür stehen und rief ständig: »Bist du noch da, Papa?« Oder ich klopfte Signale an die Tür, die er dann beantworten musste. Ich selbst kann mich nicht mehr daran erinnern, aber Papa hat es mir schon oft erzählt und jedes Mal hat er dabei Tränen in den Augen.

Eines Tages hat mein Vater zwei Eieruhren gekauft und beide auf zwei Minuten eingestellt. Eine gab er mir, die andere behielt er. Er sagte: »Ich gehe jetzt zwei Minuten nach oben. Dann komme ich wieder. Abgemacht?« Ich war vollkommen im Bann der tickenden Uhr. Ich glaube, ich fand es ein ziemlich spannendes Spiel. Jedenfalls funktionierte es. Aus zwei Minuten wurden vier, acht, dann fünfzehn. Irgendwann habe ich die Eieruhren in den Mülleimer geworfen. Mein Vater hat sie nicht wieder herausgefischt. Später meinte er, der Trick mit den Eieruhren sei Addies Idee gewesen. Sie fand übrigens auch, dass mein Vater wieder in der Dachkammer, seinem alten Büro, arbeiten sollte, aber das hat er nicht getan.

Mein Vater hat eine eigene Firma. Er macht Animationen fürs Fernsehen und sitzt den ganzen Tag grinsend hinter seinem Computer. Computern, muss ich sagen – also Plural –, denn der ganze Tisch steht mittlerweile voll mit Bildschirmen, Druckern, Scannern, Tablets, und auch den Laptops von Kalle und mir. Letztes Jahr hat Papas bester Freund Bob ein großes Loch in die Mittes des Tischs gesägt. Der ganze Kabelsalat geht jetzt wie ein Strauß aus Spaghetti durch das Loch zu der riesigen Steckdose, die er – also Bob – an der Unterseite des Tisches festgeschraubt hat. Unser Esstisch ist nun definitiv ein Arbeitstisch. Wir essen nie daran, auch nicht, wenn wir Besuch haben. Wir essen auf dem braunen Ledersofa, auf dem sieben Personen Platz haben, und sehen fern, die Teller auf dem Schoß. Kalle sitzt zwischen Papa und mir, das war schon immer so. Um Viertel vor acht gehen wir in die Küche und laden uns die Teller voll, sodass wir pünktlich zu *logo!* auf dem Sofa sitzen. Beim Nachtisch schauen wir das Jugendjournal. Addie findet es »nicht normal«, dass wir vor dem Fernseher essen. Sie meint, es sei ungesund, weil dadurch die Verdauung abgelenkt würde oder so was. Also, meine Verdaung lässt sich bestimmt nicht ablenken. Und wenn man jeden Tag Nachrichten und Jugendjournal guckt, weiß man mit achtzehn genug, um in die Welt zu ziehen. Sagt mein Vater.

»Ich weiß eigentlich nicht, warum ich das aufgeschrieben habe«, sagte ich zu Linda. »Ich wollte ein-

fach erklären, warum wir immer auf dem Sofa essen.«

»Warum ist dir das wichtig?«

Linda betrachtete mich über den Brillenrand hinweg.

»Weil es etwas darüber aussagt, wie wir leben?«

»Und warum gerade das Essen auf dem Sofa?«

»Vielleicht, weil ... Patricia das blöd fand.«

»Kommt die auch noch vor?«

»Äh, ja, später.«

»Hauptfigur oder Nebenfigur?«

Anscheinend wurde das hier ein richtiges Kreuzverhör.

»Nebenfigur.«

»Und welche Funktion hat sie in der Geschichte?«

Darüber musste ich erst einmal nachdenken.

»Ich glaube, weil Dirkje das mit dem Sofa nicht blöd findet?«

»Aha, ein Gegensatz. Du möchtest Patricia einsetzen, um Dirkje in ein gutes Licht zu rücken.«

»Darf ich das denn nicht?«

»Doch, das ist genau richtig! Gegensätze sind gut für eine Geschichte. Aber du darfst eine Nebenfigur nie ohne Grund einführen. Sie muss immer eine Funktion haben. Wie Bob. Den führst du ein, um zu zeigen, dass dein Vater handwerklich nicht gerade begabt ist.«

So hatte ich das noch gar nicht gesehen. Nein, ein Tüftler ist Papa ganz sicher nicht, auch wenn er sehr gut mit Computern umgehen kann.

Linda holte Tee. Als sie aus der Küche zurückkam, sagte sie: »Diese Patricia passte wirklich nicht zu deinem Vater. Das konnte sogar ein blindes Huhn sehen.«

14.

Ich war ungefähr acht, als mein Vater Patricia kennenlernte. Anfangs fanden wir sie sogar ganz nett, Kalle und ich. Sie spielte mit uns und kochte gut. Und Papa lachte wieder. Irgendwann dachten wir, Patricia würde bei uns einziehen, denn sie ließ immer mehr von ihren Sachen bei uns liegen. Erst ein Paar Stiefel, danach ihr Kosmetiktäschchen, einen Schal, so was eben. Aber die Sachen wurden immer größer. Sie stellte ein Fahrrad in unserem Schuppen ab, brachte sich einen eigenen Gartenstuhl mit, weil sie Probleme mit dem Rücken hatte. Und sie räumte auch Dinge weg. Altes Spielzeug von Kalle und mir. Das packte sie in einen Karton für den Dachboden. »Sonst wird es hier ein zu großes Durcheinander«, meinte sie. Auch die Sofakissen kamen auf den Dachboden, denn von denen musste sie niesen. Sie kaufte Dinge für den Haushalt. Biergläser, denn die hatten wir nicht, und sie fand es unappetitlich, dass Papa aus der Flasche trank. Und Staubtücher und ein Bügeleisen.

Papa fand es schön, dass das Haus jetzt etwas ordentlicher war. Patricia war zwar nun immer öfter da, aber sie spielte kaum noch mit uns. Und sie mochte es, wie gesagt, nicht, dass wir auf dem Sofa zu Abend aßen. Das sei nicht gut für ihren Rücken und obendrein unfreundlich, weil wir uns nicht ansehen könnten. Sie wollte an einem Tisch essen. Und sie war ganz Addies Meinung, dass mein Vater wieder oben arbeiten sollte. Die Kinder seien schließlich alt genug, meinte sie.

Eines Tages, als ich von der Schule nach Hause kam, lagen die Kissen wieder auf dem Sofa. Vor dem Bücherregal lag ein Haufen Spielzeug, als wäre gerade ein Karton umgekippt. Papa hing vorm Fernseher, eine Flasche Bier in der Hand und eine Schale Chips neben sich.

»Patricia ist weg«, sagte er, als ich mich zu ihm setzte.

»Wie weg?«, fragte ich. Er meinte bestimmt nicht, dass sie kurz ein paar Besorgungen machte.

»Weg. Einfach weg. Ich habe sie vor die Tür gesetzt«, antwortete er.

»Vor die Tür gesetzt?«

»Ich hatte es satt.«

Was sagt man da als Achtjährige zu seinem Vater?

Ein paar Tage später hörte ich, wie Papa Bob erzählte, dass Patricia sich ein Kind von ihm gewünscht hatte und allein mit ihm in den Urlaub fahren wollte. »Die Kinder gehen vor«, sagte er zu Bob. »Bis sie achtzehn sind, vielleicht sogar länger. Ich will mir das gar nicht ausmalen, mit ihr zusammenzuziehen. Und dann noch ein Baby. Bob, kannst du dir das vorstellen?«

Ich hätte dieses Gespräch nicht mitanhören sollen, aber dann hätte Papa eben nicht so laut reden dürfen. Ich weiß noch genau, wie froh ich war. So ähnlich wie Heidi, nachdem sie ihre dicken Schuhe ausgezogen hatte und barfuß über die Alpenwiesen hüpfte.

»Muss ich nicht auch etwas Nettes über Patricia schreiben?«, fragte ich Linda.

»Das tust du doch, oder?«

»Ja, dass sie mit uns gespielt hat. Aber ich meine, etwas wirklich Nettes. Du sagst doch immer, alle Figuren haben zwei Seiten?«

»Du brauchst nicht alle Figuren völlig auszuarbeiten. Und seien wir mal ehrlich, diese Patricia war einfach eine fürchterliche Zicke.«

»Und Dirkje, was hältst du von Dirkje?«

»Passt viel besser zu euch, das sieht doch ein Blinder mit Krückstock.«

15.

Dirkje kommt meist am Freitag und fährt Sonntagabend wieder. Manchmal, wenn sie früh Feierabend hat, kommt sie auch unter der Woche mal zum Abendessen vorbei. Wenn wir dabei sind, halten Papa und sie sich zum Glück zurück mit Küssen und so. Aber wenn ich nach Hause komme, schlage ich die Hintertür immer extra kräftig zu und rufe schon in der Waschküche: »Halloho, ich bin's.« So können sie sich rechtzeitig voneinander loseisen.

Die einzigen Sachen, die sie bei uns deponiert hat, sind ihre Wanderschuhe und eine Zahnbürste. Und ein altes Fahrrad. Den Rest hat sie in einer riesigen knallgrünen Krokodilledertasche. Gefälscht, nehme ich an. Ich glaube, sie denkt nicht daran, hier alles umzumodeln. Sie lässt die Sofakissen, wo sie hingehören, sagt uns nicht, dass wir ins Bett müssen und findet es völlig normal, dass wir vor dem Fernseher essen.

Und sie knuddelt uns andauernd. Wenn man sie begrüßt, nimmt sie einen gleich fest in den Arm, und wenn man an ihr vorbeigeht, wird man aus heiterem Himmel gestreichelt. Vielleicht ist das so, weil sie Physiotherapeutin ist, sie knetet den ganzen Tag lang Menschenfleisch.

Ich finde es ein bisschen komisch, ich meine: Wir kennen sie noch nicht sehr lange und schon lehne ich mich auf dem Sofa an sie, wenn wir *Quizduell* auf unseren Handys spielen. Sie ist weich, ich versinke ein bisschen in ihr. Einmal bin ich mit dem Kopf an ihrer Schulter eingeschlafen. Als ich aufwachte, sagte sie nichts und las einfach weiter ihre Zeitschrift.

»Was ist Quizduell?«, fragte Linda.

»Ein Wissensquiz auf dem Handy.«

»Und was ist daran so lustig?«

»Das man es auch mit jemandem in Australien spielen kann«, sagte ich.

»Kennst du denn jemanden in Australien?« Sie erwartete keine Antwort. »Und nun zu unserem Schreibkurs. Weißt du eigentlich, was du in diesem Text getan hast? Du hast das Tempo gesteigert.«

»Tempo gesteigert?«

»Ja, du beschreibst nicht mehr jeden einzelnen Besuch von Dirkje. Du gibst eine Art Zusammenfassung.«

»Darf ich das denn nicht?«

»Doch, gerade. Das heißt, nicht immer. Ein wichtiges Werkzeug für einen Schriftsteller ist die Zeit. Du kannst sie beschleunigen oder drosseln. Mit einem einzigen Satz einfach zehn Jahre überspringen. Oder aber zehn Seiten für einen Kuss verwenden, der nur eine Minute dauert.«

Zehn Seiten für einen Kuss? Bestimmt mit haufenweise »konkreten Details«, wie Linda es ausdrücken würde. Nein, dann lieber das Tempo steigern.

Manchmal würde ich die Zeit schon ganz gerne vordrehen. Nur um zu wissen, wie es weitergeht. Das Leben, meine ich. Mein Leben.

Zehn Jahre lang hat Katinka Kapteijn fast jeden Freitag Schreibunterricht von ihrer Nachbarin erhalten. Und das hat Früchte getragen. Denn bereits mit dreiundzwanzig Jahren (!) debütierte sie mit einem Roman, der auf der Stelle wochenlang an der Spitze der Bestsellerlisten stand.

16.

Zum ersten Mal, seitdem ich Schreibstunden nahm, freute ich mich nicht darauf, hinüber zu Linda zu gehen. Ich hatte nichts geschrieben. Irgendwie hatte es nicht geklappt. Ich hoffte, dass sie im Garten viel für mich zu tun hatte. Und dass so keine Zeit mehr für den Unterricht blieb. Aber als der Tee fertig war und wir vor dem Gartenhäuschen saßen, sagte sie: »Zeig mal, was du geschrieben hast.«

»Äh, nichts. Ich hatte die ganze Woche über keine Inspiration.«

Es war nichts passiert. Ja, es war nett mit Dirkje, wir haben tolle Dinge unternommen. Aber Linda hatte recht, »toll« ist der Gipfel des Belanglosen. Darüber muss man nicht reden. Kein innerer Konflikt, keine Geschichte. Letzte Woche hatte sie noch über »kollidierende Figuren« gesprochen. Sie seien, wie sie meint, die wichtigste Zutat einer Geschichte.

Danach war eins klar: Die Geschichte, wie Dirkje in unser Leben gekommen ist, ist überhaupt keine richtige Geschichte.

Ich fühlte mich mies, weil ich nichts geschrieben hatte. Ich wollte doch so gerne Schriftstellerin werden, oder etwa nicht?

»Ein richtiger Schriftsteller wartet nicht auf Inspiration«, sagte Linda. »Dann würde kein einziges Buch mehr erscheinen.«

»Aber was machst du denn, wenn du keine Inspiration hast?« Kurz blieb es still.

»Ich habe schon fast ein halbes Jahr keinen Satz mehr zu Papier gebracht«, fuhr sie fort. Es schien, als spräche sie zu dem Apfelbaum. »Bitte erzähle das nicht weiter.« Dann blickte sie mich an. »Niemand weiß es, nicht einmal mein Verleger. Der denkt, ich sitze fröhlich an meinem nächsten Roman.« Sie lachte, aber es klang nicht echt.

»Aber ...« Konnte ich sie wirklich danach fragen, woher es kam, dass sie nichts schrieb? Oder wie es weitergehen sollte?

»Ich muss hier endlich einmal klar Schiff machen.« Sie zeigte hinter sich. »Zu viel altes Zeug.« Sie seufzte tief und sah mit einem Mal müde aus. »Ach egal«, sagte sie und zog die Schultern zurück, »sprechen wir lieber von dir. Ich werde dir eine Schreibaufgabe geben, dann wird das wieder. Aber wollen wir erst die alte Trauerweide zurechtstutzen? Sie kentert sonst noch wegen ihrer schweren Äste.«

Mit einer Baumschere schnitten wir zunächst die kleineren Zweige ab. Für die dickeren Äste nahm Linda die Kettensäge. Von der Weide blieb fast nichts übrig.

17.

Dies war die Schreibaufgabe, die Linda mir gegeben hat: Bringe deine allererste Erinnerung zu Papier. Schreibe im Präsens und beschreibe die Situation aus der Sicht des Kindes, das du damals gewesen bist.

Ich bin vier Jahre alt. Noch zehn Nächte schlafen und ich werde fünf. Ich liege schon eine ganze Weile im Bett, aber mir ist heiß und eine Mücke summt die ganze Zeit dicht an meinem Ohr. Ich stehe auf und gehe barfuß in den Flur. Der Boden ist kalt. Ich will nach unten, zu Papa, aber mitten auf der Treppe höre ich Stimmen aus dem Wohnzimmer. Ich setze mich auf die Treppenstufen, um zu hören, wer da ist. Ah, meine Tante Addie. Wie wütend sie ist. Und Papas Stimme klingt härter als sonst.

Ich rutsche noch ein paar Stufen tiefer.

»Sie ist noch nicht so weit«, höre ich meinen Vater sagen.

»Unsinn, das Kind ist fast fünf. Hein, du bist es, der noch nicht so weit ist. Sie muss endlich in den Kindergarten. Gewöhn dich langsam an den Gedanken.«

Ich renne die Treppe rauf mit Tränen in den Augen. Kindergarten … Wieso muss Addie das unbedingt ansprechen? Ich hoffe, Papa vergisst es wieder, ich hoffe, er wacht morgen früh auf und weiß nicht mehr, was Addie gesagt hat. Ich will nicht in den Kindergarten, ich will nicht mit anderen Kindern spielen, ich will nicht. Ich will zu Hause sein, bei Papa und Kalle. Ich will, dass alles so bleibt wie es ist.

Plötzlich ist mir eiskalt. Ich ziehe dicke Socken an, krieche ins Bett und ziehe mir die Decke über den Kopf. Ich weine, bis ich einschlafe.

Beim Frühstück spricht Papa nicht darüber. Ich auch nicht. Als wir mittags Butterbrote essen, bin ich überzeugt, dass Papa es vergessen hat. Aber nach dem Abendessen, als wir Kalle ins Bett gesteckt haben, sagt er: »Erdmännchen, komm mal her.« Ich stelle mich neben ihn und betrachte meine Socken. »Du bist jetzt fast fünf, es wird Zeit, dass du in den Kindergarten gehst.« Es ist, als hätte ich einen Schlag in den Magen bekommen.

»Du wirst sehen, es wird dir dort gefallen.«

Er nimmt mich in den Arm und hält mich ganz fest. Na also, er will mich bei sich behalten, er will doch auch nicht, dass ich weggehe. Papa redet nur dummes Zeug. Ich bin mir jetzt sicher, die ganze Sache hat sich erledigt.

Aber sie hat sich nicht erledigt.

Eines Morgens beim Frühstück sagt Papa, dass wir uns den Kindergarten ansehen würden. Er gibt mir ein Geschenk: einen Rucksack mit meinem Namen darauf und einen knallgelben Trinkbecher. Ich möchte wütend werden, aber es gelingt mir nicht. Ich kann nichts sagen, ich habe einen dicken Kloß im Hals. Ich putze mir noch einmal die Zähne, sehr langsam. Es ist Sommer, aber ich ziehe einen dicken Pulli und eine lange Hose an. Papa ruft, dass wir uns beeilen müssen. Kalle sitzt in seinem Buggy. Erst als wir auf der Straße sind, bricht meine Wut aus.

»Ich will nicht in den Kindergarten.« Ich fange an zu heulen. »Ich bin noch nicht so weit!«, schreie ich.

Papa will schon weitergehen, aber er bleibt wie angewurzelt stehen. Er streichelt mir über den Rücken. Ich kann nicht mehr aufhören zu weinen, ich weine so heftig, dass ich mich fast übergeben muss. Tränen und Rotz strömen mir übers Gesicht. Kalle weint jetzt auch. Papa setzt sich auf die Bordsteinkante und nimmt mich auf den Schoß. Aber es nützt nichts.

»Hein, was ist los?«, fragt plötzlich jemand.

Es ist Linda von gegenüber.

»Katinka soll in den Kindergarten, aber sie will nicht«, erklärt Papa.

»Ich bin noch nicht so weit!«, schreie ich Linda an. »Ich will nicht, ich will nicht.«

Von dem Gekreische tut mir der Hals weh. Kalle hält sich die Ohren zu.

»So geht das nicht. Kommt mal mit rüber«, sagt Linda.

Kalle hört sofort auf zu weinen. »Mit, mit!«, ruft er.

Wir gehen die Auffahrt entlang zu ihrem Garten. Linda schiebt Papa und Kalle in die Küche, schenkt Papa eine Tasse Kaffee ein und gibt Kalle einen Keks.

Dann nimmt sie meine Hand. »Komm, ich möchte dir etwas zeigen.«

Wir laufen über einen schmalen Pfad zum blauen Gartenhäuschen.

Als sie die Tür öffnet, sehe ich keine Fahrräder, sondern Bücher. Auf dem Boden und auf den Regalbrettern an der Wand. Dort gibt es auch einen Tisch mit einem Computer darauf und einen bequemen Sessel und eine Stehlampe daneben. Und mitten im Zimmer stehen ein runder, schwarzer Kachelofen und ein Korb voller Holz.

»Schau«, sagt sie und zeigt auf die Bücher, »das sind meine Freunde. Wenn du lesen kannst, bist du niemals allein und erlebst eine ganze Menge. Deshalb musst du in den Kindergarten. Um lesen zu lernen. Und natürlich schreiben. Es ist das Schönste, was es gibt. Im Kindergarten lernst du zwar erst mal zeichnen, schneiden und kleben, das gehört dazu. Wenn du dann aber in der ersten Klasse bist, kannst du bis Weihnachten schon lesen, du wirst sehen. Und bevor du weißt, wie dir geschieht, schreibst du deine eigenen Geschichten.«

»Aber was soll aus Papa und Kalle werden?« Als ich die Bücherstapel gesehen habe, habe ich aufgehört zu weinen, aber jetzt kullern wieder die Tränen.

»Was soll mit Papa und Kalle sein?«

»Wenn ich im Kindergarten bin, vergisst Papa bestimmt, Kalle etwas zu trinken zu geben oder einen Keks und seine Windeln zu wechseln und ...«

»Ach so«, sagt Linda. »Soll ich ab und zu nach dem Rechten sehen?«

Ich nicke und wische mir das Gesicht mit dem Ärmel ab. Dann gehen wir in die Küche.

»Papa, du kannst mich jetzt in den Kindergarten bringen«, sage ich und sehe Linda kurz an.

Sie zwinkert mir zu.

Mein Vater ist verzweifelt, hatte ich zuerst geschrieben.

»Woher willst du als nicht einmal Fünfjährige wissen, dass dein Vater verzweifelt ist?«, fragte Linda.

»Äh ...«

»Weißt du also nicht, du kannst ja nicht in seinen Kopf schauen. Du hast nicht gewusst, wie sich dein Vater gefühlt hat. Das ist deine Interpretation aus heutiger Sicht. Was aber hat die kleine Katinka von damals gesehen?«

»Na, dass mein Vater sich auf die Bordsteinkante gesetzt hat.«

»Genau, und dies ist die Perspektive der Katinka von damals.«

»Perspektive«, tippte ich in mein Handy.

»Perspektive bedeutet, aus welcher Sicht man ein Ereignis beschreibt. Wenn du etwas weiter bist, bringe ich dir alles über Perspektive bei. Es ist ein lästiger Begriff, aber für einen Schriftsteller wesentlich.«

»Hast du wirklich bei Papa nach dem Rechten gesehen?«

»Nur an diesem Tag. Wir haben uns so lange unterhalten, dass er vergessen hat, Kalle die Windeln zu wechseln.«

»Habt ihr auch über mich gesprochen?«

»Was dich betrifft, waren wir uns schnell einig, dass es schon werden würde.« Sie schwieg eine Weile. »Wir haben uns lange darüber unterhalten, was schlimmer ist: ein geliebter Mensch, der einen verlässt, oder ein geliebter Mensch, der einem wegstirbt.« Sie zeigte zum Himmel.

»Und?«, fragte ich. Mit einem Mal wurde mir bewusst, dass Linda ja schon ein ganzes Leben hinter sich hatte, als ich geboren wurde.

»Es gibt zwei verschiedene Arten von schlimm«, sagte sie.

18.

Sie besuchten im Amsterdamer Zoo das Reptilienhaus, Papa, Kalle und Dirkje. Kalle ist verrückt nach Schlangen und Krokodilen. Er hat sein erstes Referat über Gaviale gehalten. Ich hatte bis dahin noch nie etwas von diesen Tieren gehört.

Ich wollte nicht mit. Ich mag Elefanten und Giraffen lieber. Ich wollte joggen und diesen Text hier für Freitag schreiben, sonst hätte ich wieder nichts für Linda zum Lesen gehabt.

Dirkje hatte es schade gefunden, dass ich nicht mitwollte. »Dann gehen wir beide ein anderes Mal zusammen shoppen«, hatte sie gesagt und mich geknuddelt.

Ich sah ihnen vom Wohnzimmer aus nach, wie sie die Straße entlangliefen, zu dritt nebeneinander. Kalle in der Mitte. Links das graue Haar meines Vaters, rechts Dirkjes Locken. Kalle hielt Dirkjes Hand fest. Ich musste an früher denken, als Kalle immer »Hand, Tinka« gesagt hatte, wenn ich mit ihm rausging. Das sagte er schon seit Jahren nicht mehr.

Ich kniff die Augen zusammen und versuchte, mir dieses Bild auf meine Netzhaut zu brennen. Aber nicht mit Dirkje. Mit meiner Mutter. Ihr glattes, dunkles Haar offen über den Schultern. Was hätte sie angehabt? Ein Kleid und Stiefeletten, wie Dirkje? Oder hätte sie für den Zoo eine Hose angezogen?

Ich habe ein Foto, auf dem sie echt cool aussieht, mit hochgekrempelter Jeans, einer Adidas-Jacke mit Streifen an den

Ärmeln, hohen Turnschuhen und einer Kappe, aus der ihr Pferdeschwanz baumelt. Ein Urlaubsfoto, denke ich.

Ist sie eigentlich viel kleiner als mein Vater gewesen? Daran konnte ich mich nicht mehr erinnern. Auf jeden Fall schlanker. Übrigens auch schlanker als Dirkje.

Ich ging in Papas Schlafzimmer. Das Foto meiner Mutter stand nicht mehr auf dem Nachttisch. Ich nahm das Hochzeitsalbum aus dem Regal. Vorne drauf das Foto, auf dem sich meine Eltern gegenüberstehen und mein Vater gerade den Ring über Mamas Finger schiebt. Ja, meine Mutter ist knapp einen Kopf kleiner als mein Vater gewesen.

Ich blätterte im Fotoalbum. Sie trug kein richtiges Brautkleid, nicht so ein weißes mit viel Spitze, sondern ein hellblaues, enganliegendes Kleidchen mit weitem Rock. Und Schuhe mit sehr hohen Absätzen in demselben Blauton. Offenes Haar. Ein paar Seiten weiter hat sie die hochhackigen Schuhe gegen Flipflops eingetauscht. Mein Vater und sie saßen gemeinsam mit vielen Leuten in einem Park und picknickten, auf karierten Decken im Gras. So eine Hochzeit ist es gewesen. Ich erkannte Bob und die anderen Freunde von Papa, natürlich neben einem Kasten Bier, und Addie mit ihren Kindern. Auch Leute, die ich nicht kannte. Es ist bestimmt ein schönes Fest gewesen.

Ich wünschte, ich hätte dabei sein können. Nun ja, ein bisschen bin ich dabei gewesen, meine Mutter war mit mir schwanger, als die beiden geheiratet haben, aber es war noch kein Bauch zu sehen.

In meiner Klasse ist ein Mädchen, deren Eltern geschieden sind. Sie freut sich so darauf, dass ihr Vater wieder heiratet. Ich habe sie gefragt, ob sie nett sei, ihre Stiefmutter. Sie meinte: »Na ja ... aber ich darf Brautjungfer sein!« Und dahinter eine Million Ausrufezeichen.

Ich will gar nicht daran denken.

19.

»Linda, was weißt du noch von meiner Mutter?«

Wir saßen auf der Gartenbank, um zu verschnaufen. Ich hatte zwei Gläser Wasser geholt. Linda war mit der Kettensäge einer abgestorbenen Tanne zu Leibe gerückt und ich durfte die Äste in den Häcksler werfen. Es lag ein riesiger Berg Sägespäne herum. Der Garten duftete nach Weihnachten.

Linda zog die Handschuhe aus und wischte sich den Schweiß von der Stirn. »Deine Mutter …« Sie streichelte Nero. »Deine Mutter«, sagte sie noch einmal. »Sie sah immer so hübsch aus in ihren selbstgenähten Kleidern. Oder besser Kleidchen, denn sie hatte die Figur eines jungen Mädchens. Als ich ihr einmal ein Kompliment machte, meinte sie, sie würde mir auch gerne ein Kleid nähen. Kannst du dir das vorstellen, ich in einem Kleid? Bei meinen ausladenden Hüften?«

Ich musste grinsen. »Und was hast du damals geantwortet?«

»Dass sie mir irgendwann ein schönes schwarzes Hemd machen könnte. Für Feste und Beerdigungen.«

»Du meinst eine Bluse?«

»Ja, das hat deine Mutter auch gesagt. Bei Frauen nennt man das Bluse, meinte sie.«

»Und hat sie es gemacht?«

»Wir hatten vereinbart, dass sie meine Maße nehmen und mir ein paar Stoffe zeigen würde, aber dann hörte ihr Herz auf zu schlagen.«

Sie nahm einen Schluck Wasser. Ich auch.

»Und dann hattest du keine Bluse für die Bestattung?«

»Nein, aber dein Vater wollte auch nicht, dass wir in Schwarz erschienen. Wir sollten fröhliche Farben tragen, so wie deine Mutter immer. Im Nachhinein denke ich, schwarz wäre angemessener gewesen. Es war ein schwarzer Tag. Ich war von ihrem Tod furchtbar schockiert. Sie war doch viel zu jung, und dann die beiden Kinder, die als Halbwaisen zurückblieben.«

Halbwaisen. Sie redete von Kalle und mir.

Ich hatte selbst von ihr angefangen, von meiner Mutter. Aber jetzt wollte ich wieder Äste häckseln. Ich nahm die Ohrenstöpsel und Gartenhandschuhe und fragte: »Wollen wir weitermachen?«

20.

Linda hat mir wieder eine Aufgabe gegeben, diesmal zum Thema sinnliches Schreiben: »Beschreibe ein Ereignis oder eine Handlung im Präsens und nutze all deine Sinne, also Hören, Sehen, Schmecken, Riechen und Fühlen.«

Ich musste sofort daran denken, was ich Samstagabend gemacht hatte.

Als ich einmal angefangen hatte, ging das Schreiben eigentlich von selbst. Nur Schmecken kam nicht vor.

Ich gehe die Treppe hoch. Es ist eigentlich noch zu früh, um ins Bett zu gehen, aber ich habe keine Lust mehr, bei Papa und Dirkje zu bleiben. Auf halbem Weg setze ich mich auf eine Stufe. So wie früher, wenn ich nicht schlafen konnte. Auf die breite Stufe, dort wo die Treppe eine Rechtskurve macht. Wenn mein Vater dann aus dem Wohnzimmer gekommen ist, konnte ich schnell nach oben huschen. Links gibt es ein schmales, hohes Fenster. Man sieht hinaus auf die Auffahrt und die Hecke der Nachbarn. Ich sehe nachts manchmal einen Igel herumwühlen. Jetzt sitze ich hier und lausche der dunklen Stimme meines Vaters. Ich verstehe nicht, was er sagt, es muss aber lustig sein, denn Dirkje lacht. Dann ist es wieder still.

Ich starre nach draußen, aber der Igel lässt sich nicht blicken. Noch ist es nicht völlig dunkel. Ich stehe auf, gehe nach oben und sehe kurz nach Kalle. Er schläft. Mit dem Kopf auf seinem Kuschelhasen, die Hasenohren scheinen aus Kalles Locken zu wachsen. Ich gebe ihm einen Kuss aufs Haar.

Dann putze ich mir die Zähne, ziehe meinen Schlafanzug an und lege mich ins Bett, aber schon fünf Minuten später stehe ich wieder auf. Eine Zeit lang sehe ich aus dem Fenster. Dann gehe ich wieder in den Flur. Oben an der Treppe spitze ich die Ohren, aber jetzt kommt kein Laut mehr aus dem Wohnzimmer. Ich gehe auf den Dachboden, noch so eine kurvige Treppe mit kleinem Fenster. Immer noch kein Igel zu sehen. Im Gästezimmer mache ich Licht.

Kurz erschrecke ich vor mir selbst. Ich habe vergessen, dass hier ein großer Ankleidespiegel hängt. Auf einem Holztisch an der Wand steht noch immer Mamas Nähmaschine. Mit der Hand streiche ich über den Tisch und den hölzernen Nähkasten. So ein Nähkasten mit Fächern, die man ausklappen kann. Auf den Brettern an der Wand stehen Marmeladengläser mit Knöpfen und Garnrollen und durchsichtige Behälter mit Stoffen und Bändern. Neben der Nähmaschine liegt ein Stapel Modemagazine. Gelbe Zettelchen schauen aus den Zeitschriften heraus.

Dann gehe ich hinüber zu der Rumpelkammer unter der Dachschräge. Ich öffne die Tür und krieche hinein. Man kann hier nicht aufrecht stehen. Hier liegen die Zeltausrüstung und Schlittschuhe, Kartons mit altem Spielzeug und ein großer, grüner Überseekoffer, noch von Opa. Der ist auch schon tot. Als ich klein war, habe ich manchmal in diesen Koffer geschaut, später aber nicht mehr. Ich ziehe ihn über den Betonboden bis zur Kammertür. Der Koffer hinterlässt Spuren im Beton. Ich greife nach dem Handtuch, das beim Waschbecken hängt, zerre den Überseekoffer auf das Handtuch und schleife ihn rüber ins Gästezimmer. Er gleitet jetzt leicht über das schwarz marmorierte Linoleum. Am Fußende des Gästebetts stelle ich ihn ab. Ich öffne den Deckel und atme den Geruch ein. In dem Koffer liegen die Kleider meiner Mutter, obendrauf ein Beutel mit Lavendel. Ich lege ein Kleid nach dem anderen auf das Bett. Einige kenne ich von den Fotos meiner Mutter. Ich halte mir ein dunkelblaues Kleid vor und sehe in den Spiegel. Ich streife es über den Schlafanzug. Zu groß. Ich drehe mich vor dem Spiegel im Kreis. Sieht unmöglich aus mit dem Schlafanzug drunter. Ich ziehe das Kleid aus und probiere das rote Kleid mit den weißen Punkten an, aber ohne Schlafanzug. Aus einem der Behälter auf dem Brett nehme ich ein weißes Band und knote es mir um die Taille. Das Kleid ist nicht einmal viel zu lang, aber doch zu weit. In dem Koffer liegt auch ein kurzes blaues Jäckchen, mit Knöpfen in Rosenform. Ich ziehe es über und friemle die Knöpfe zu. Steht mir ganz gut, ein bisschen altmodisch vielleicht.

Ich nehme die Zeitschriften, lege mich aufs Bett und blättere sie durch. Auf manche der gelben Zettel hat meine Mutter mit Bleistift etwas gekritzelt. Zahlen, Maße. Auf einem der

Zettel steht: »Linda.« Ich schlage die Seite auf. Eine Abbildung von einer Frau, die eine lange blaue Bluse über einer Jeans trägt. Eine Bluse mit Dreiviertelärmeln und einer Reihe kleiner Knöpfe.

Ich höre Linda schon maulen: »Was für eine Fummelei mit den vielen Knöpfen.« Auf dem Zettel steht: »Schwarz, lange Ärmel, weniger Knöpfe?« Das hat sich meine Mutter gut überlegt. Ich streiche über die Buchstaben, rieche an dem Papier. Das hat meine Mutter kurz vor ihrem Tod geschrieben. Die Bluse hätte Linda bestimmt gut gestanden. Etwas tailliert, aber tough genug für sie. Ich schließe die Augen und versuche, mir Linda vorzustellen, wie sie die Bluse anprobiert. Und meine Mutter steht mit dem Maßband um den Hals und einem Nadelkissen in der Hand dabei, um noch ein paar Kleinigkeiten zu ändern.

»Erdmännchen, da bist du ja.« Die Stimme meines Vaters weckt mich. Ich spüre seine Arme um mich. Er riecht nach Bier und Parfüm. Ich habe keine Lust, richtig wach zu werden. Er hebt mich hoch und setzt sich mit mir auf den Bettrand. Ich sitze auf seinem Schoß, den schlaftrunkenen Kopf an seiner Schulter. Er wiegt mich ein bisschen hin und her. Er sagt nichts.

»Soll ich dich ins Bett bringen?«, fragt er nach einiger Zeit. Er hilft mir, das Jäckchen auszuziehen, löst den Knoten des weißen Bands und zieht mir das rote Tupfenkleid über den Kopf. Ich lasse mich wie ein kleines Kind in den Schlafanzug stecken. Mein Vater trägt mich die Treppe hinunter, in mein Zimmer, legt mich ins Bett und deckt mich zu.

»Ach, Mädchen, wie sehr du doch deiner Mutter ähnelst«, höre ich noch und schlafe wieder ein.

21.

Manchmal denke ich: Linda könnte das mit dem Garten auch allein schaffen. Als ich den Pfad entlangging, schippte sie gerade einen Berg Sägespäne in die Schubkarre. Sie wollte eine Schicht davon auf den Trampelpfad streuen. Okay, das war natürlich zu zweit viel einfacher. Und übrigens machte es dann auch mehr Spaß. Ich schob die Schubkarre und Linda verteilte die Späne mit einem Spaten auf dem Pfad. Und danach liefen wir ein paar Mal hin und her, um das Ganze festzustampfen. Hintereinander, denn er war zu schmal, um nebeneinander zu gehen.

»Herrlich, so zu stampfen, oder?«, sagte ich.

Sie musste darüber lachen.

»Findest du, dass ich meiner Mutter ähnlich sehe?«, fragte ich, als wir fertig waren und unseren Tee tranken.

Sie betrachtete mich genau.

»Du ähnelst ihr immer mehr. Deine Gesichtsform, deine Augen, das Haar ...«

Mir fiel plötzlich auf, dass Linda noch nie über ihre Mutter gesprochen hatte.

»Hast du eigentlich auch eine Mutter? Ich meine ...«

Sie ließ mich nicht aussprechen. »Technisch gesehen schon.«

Das war wohl nicht so ein gutes Thema. Aber jetzt von etwas anderem anzufangen, wäre auch komisch gewesen.

»War sie damals nicht total stolz auf dich, als dein erstes Buch erschienen ist?«

»Sie hat meine Bücher allesamt prominent im Bücherregal stehen, das schon, aber das einzige, was sie dazu gesagt hat, war: ›Interessant, was du dir alles ausgedacht hast.‹«

»Und als du im Fernsehen warst? Mein Vater würde platzen vor Stolz.«

»Da hat sie mich einen Tag später angerufen. Ob ich davor nicht wenigstens zum Frisör hätte gehen können.« Linda strich sich durchs Haar. »Übrigens war ich vorher beim Frisör gewesen. In so einem hippen Salon, kurz bevor ich ins Studio musste. Ich sah aus wie eine Vogelscheuche. Im Studio hat ein Mädchen noch daran herumgepfuscht, mit Bürste, Föhn und sehr viel Haarlack.«

»Deine Mutter hat ...«

»Ach, sie ist nun einmal so.«

Ich wusste nicht, was ich sagen sollte. Zum Glück redete Linda weiter.

»Einmal bin ich rüber zu euch gegangen, in euren Garten, um deinen Vater etwas wegen des Laptops zu fragen. Ich sehe es noch ganz genau vor mir.« Sie schloss die Augen. »Du bist auf nackten Knien durch das Gras gekrabbelt und deine Mutter krabbelte dir in ihrem Blümchenkleid hinterher, auch auf nackten Knien. Sie packte dich an deinen molligen Beinen und du hast schallend gelacht. Ich habe euch eine Zeit lang beobachtet, ihr habt mich nicht bemerkt. Dann bin ich wieder nach Hause gegangen und später habe ich versucht, die Szene aufzuschreiben, aber ich bekam es nicht aufs Papier.«

Ich betrachtete meine Beine. Mollig sind sie jedenfalls nicht mehr.

Und ich fragte mich, was schlimmer war: eine miese lebende Mutter oder eine liebe tote Mutter. Wahrscheinlich sind das wieder zwei unterschiedliche Arten von schlimm.

22.

Ich war eigentlich nie in Lindas Schreibhäuschen. Zumindest seit jenem Tag, als ich nicht in den Kindergarten wollte. Wir saßen meist draußen und manchmal auch im Wohnzimmer. Aber heute suchten wir in dem Häuschen Schutz vor einem Wolkenbruch.

> **Erst hatte ich »Regenschauer« geschrieben, aber später hörte ich in den Nachrichten das Wort »Wolkenbruch«. Etwas so weiches wie eine Wolke kann meiner Meinung nach nicht brechen, aber gerade deshalb ist es ein schönes Wort.**

Linda lehnte sich gegen den Türrahmen und blickte hinaus. Ich stand drinnen und betrachtete eine Reihe von Romanen, die im Regal besonders präsentiert waren. Neunzehn zählte ich. An der Regalseite waren vergilbte Zeitungsausschnitte mit Reißzwecken befestigt. Ich dachte: Ich werde meine Ausschnitte einrahmen.

»Linda, bist du schon einmal beim Bücherball gewesen?«

Sie drehte sich um. »Ja, ein Mal, 1993. Befehl von Rita, meiner Verlegerin. Um mein Buch zu promoten. Es war mein Geburtstag, ich wurde vierzig.«

»Toll!«, rief ich. »Was hattest du an?« Mann, echt wichtig. Aber sie ging tatsächlich darauf ein.

»Einen Anzug. Ich hatte einen schwarzen Anzug an und eine apfelgrüne Bluse. Hatte mir Rita besorgt. Gemietet, glaube ich, oder geliehen. Wie auch immer, alles saß perfekt, wirklich erstaunlich. Ich sollte Pumps dazu tragen, hatte sie auch für mich organisiert, aber ich habe mich geweigert. Zum Glück, denn auch ohne Absätze wusste ich kaum, wie ich nach Hause kommen sollte. Sternhagelvoll war ich. Zu viel Champagner.«

Wenn ich zum Bücherball dürfte, würde ich mich in Schale werfen. Ich würde ein Kleid von meiner Mutter anziehen, das rote mit den weißen Punkten. Und dazu knallrote Stiefel mit hohen Absätzen. Oder Cowboystiefel. Und rechtzeitig Dirkje nach der Marke dieses Lippenstifts fragen. Oh ja, und eine Rose im Haar, das ich hochstecken würde, aber mit ein paar losen Strähnen.

Witzig, erst als ich den Text noch einmal gelesen hatte, habe ich gemerkt, dass ich einfach davon ausgegangen bin, dass Dirkje für immer – oder zumindest sehr lange – bei uns bleiben würde. Denn es dauert bestimmt noch gut fünfzehn Jahre, bevor ich zum Bücherball gehe (wenn ich denn gehe). Dann wäre ich achtundzwanzig. Kalle fünfundzwanzig.

Und mein Vater und Dirkje würden bestimmt schon bald in Rente gehen. Und Linda wäre bereits fünfundsiebzig, aber ein Schriftsteller geht nie in Rente. Oh, wäre das schön, zusammen mit Linda

zum Bücherball zu gehen und vorher gleichzeitig mit ihr ein Buch zu veröffentlichen. Und Papa und Dirkje würden stolz vorm Fernseher sitzen und uns zusehen. Und, wenn ich dann nach Hause käme, würde Dirkje sagen: »Wie hübsch du die Haare hattest und wie schön du warst!« Und dann würde ich Dirkje bitten, dass sie das auch zu Linda sagen sollte: »Wie hübsch du die Haare hattest!«

23.

Linda saß in einem zerknautschten blauen Schlafanzug in ihrem Gartenstuhl und hatte Nero auf dem Schoß. Sie trug karierte Männerpantoffeln. Ihre Augen waren rot und es lagen jede Menge Papiertaschentücher auf dem Tisch.

»Bist du krank?«, fragte ich. Es war halb vier.

»Nero ist gestorben.« Sie streichelte ihn, von seinen Ohren bis zum weißen Punkt am Schwanz. »Einfach so, ganz plötzlich.«

Sie sah mich nicht an. In ihrer Hand hatte sie rote Katzenhaare.

Ich sagte nichts. Was hätte ich auch sagen sollen? Ich nahm einen Hocker, setzte mich neben sie und streichelte Neros Rücken. Er war kalt und sein Schwanz hing komisch herunter. Linda sprach auch kein Wort.

Cäsar war nirgends zu sehen.

»Soll ich dir einen Tee machen?«, fragte ich nach einer Weile.

Keine Antwort.

Im Kräutergarten pflückte ich etwas Salbei, Minze und Melisse. Als ich mit Teekanne und Tassen wieder zu ihr kam, saß Linda noch immer so da und streichelte Nero.

Ich schenkte die Tassen voll, aber sie rührte ihren Tee nicht an. Ich glaube, sie hätte noch stundenlang so dasitzen können.

»Wo willst du ihn begraben?«, fragte ich, nur um etwas zu sagen. Sie blickte auf.

»Ach ja, wir müssen ihn begraben. Natürlich.« Sie griff nach dem Tee und nahm einen Schluck. »Wir müssen Nero begraben.« Noch ein Schluck. »Nimmst du ihn mal kurz, ich suche rasch einen Karton.«

Sie stand auf und legte mir Nero auf den Schoß. Er war ziemlich schwer. Ich streichelte ihn zwischen den Ohren, aber er drückte seinen Kopf nicht mehr gegen meine Hand.

Als Linda mit einem Schuhkarton zurückkam, hatte sie ihre Jeans an, die Fleecejacke übergezogen, und die Füße steckten in Clogs.

Wir versuchten, Nero in den Karton zu legen, aber sein dickes Fell waberte an allen Seiten heraus und sein Schwanz wollte überhaupt nicht hineinpassen.

»Dann halt so unter die Erde«, sagte Linda. Sie ging hinüber zum Werkzeugschuppen und kam mit zwei Spaten zurück.

Bei der Kletterrose, hinter ihrem Gartenhäuschen, gruben wir ein tiefes Loch. Linda legte Nero sanft hinein. Eigentlich sah es recht schön aus, die rote Katze in der schwarzen Erde. Linda schnitt zwei weiße Rosen ab und gab mir eine.

»Du zuerst«, sagte sie.

»Tschüss, lieber Nero, ich werde dich vermissen.« Die letzten drei Worte kamen ein bisschen piepsig heraus.

Ich bückte mich und legte meine Rose vorsichtig auf Neros Fell.

Linda warf die Rose ins Loch, dann räusperte sie sich. »Nero war groß, dick und rot. Nun ist er tot ... mausetot.«

Das hatte fast was von einem Gedicht. Ich sah sie an. Sie lächelte. »Ja, Kind, alles dreht sich nun einmal um den Rhythmus.« Dann kullerte wieder eine Träne an ihrer Nase entlang.

Ich habe mich nicht getraut, diesen Text Linda zu zeigen. Eigentlich glaube ich, dass sie genickt und ihn gut gefunden hätte, und so etwas gesagt hätte wie: »Gut, dass du die Emotionen nicht benennst.« Ich habe mir viel Mühe gegeben, nur das zu beschreiben, was ich gesehen und gehört habe.

»Überlasse dem Leser die Interpretation«, sagt Linda immer.

Aber ich habe den Text Dirkje zum Lesen gegeben. Sie wollte unbedingt einmal eine meiner Geschichten lesen. Aber ich gebe ihr natürlich nicht – noch nicht – zu lesen, was ich über sie so schreibe. Oder was ich mit Linda bespreche. Oder was ich über meine Mutter schreibe. So bleibt nicht viel übrig. Na ja, das Stück über Nero tut's auch. Dirkje liebt Tiere. Vor allem Tiere, die man streicheln kann. Sie fand die Geschichte herzzerreißend.

24.

Wir saßen im Garten in der Dunkelheit. Papa trank Bier, ich heißen Kakao. Kalle lag schon im Bett. Dirkje war in Utrecht.

»Papa, warum wurde Mama eigentlich eingeäschert? Jetzt haben wir kein Grab, zu dem wir gehen können.«

Er schwenkte sein Glas und das Bier bekam wieder eine Schaumschicht. Bier mit Schlagsahne haben wir das früher genannt.

»Papa, hörst du überhaupt zu? Warum wurde Mama nicht begraben?«

Er blickte auf. »Das wollte sie nicht, unter der Erde liegen. Sie hat immer gesagt: ›Wenn ich sterbe, will ich verbrannt werden.‹ Sie mochte keine Friedhöfe, sie ging auch nie ans Grab ihrer Eltern. ›Ich habe sie doch bei mir‹, sagte sie dann immer.«

Ich wünschte, mir ginge das mit meiner Mutter auch so.

Wir haben die Asche meiner Mutter in den Dünen von Terschelling verstreut. Ich war sechs Jahre alt. Ich weiß noch genau, auf welcher Dünenkuppe wir standen. Mein Vater hatte »Louise« in den Sand geschrieben. Aber wenn ich jetzt manchmal dort bin, spüre ich sie nicht. Eigentlich spüre ich sie nie.

»Wie wäre es, wenn Mama noch leben würde?«

Mein Vater öffnete noch eine Flasche Bier und schenkte sein Glas voll.

»Sie würde dich fürchterlich verwöhnen, sie war viel zu weichherzig.«

»Weichherzig?«

»Sie konnte einfach nicht böse werden. Sie fand alles, was du angestellt hast, immer nur fantastisch. Wenn du ein Bild gekritzelt hast, dachte sie sofort, du hättest Talent. Und wenn du Seiten aus ihrem Buch gerissen hast, musste sie lachen. Sie ließ dich einfach machen, was du wolltest. Ich durfte dich nicht in den Laufstall setzen. Du solltest die Welt entdecken, meinte sie. Wenn du aber an meinen Computern herumgefummelt hast, habe ich dich doch hinter Gitter gesteckt.«

»Denkst du noch oft an sie?«

Oder wenigstens öfter als an Dirkje, dachte ich gleich danach.

»Jeden Tag, Erdmännchen, jeden Tag.« Er nahm einen großen Schluck Bier und verschluckte sich. Ich musste ihm tüchtig auf den Rücken klopfen.

25.

»Heutzutage entscheidet sich die Hälfte der Niederländer für die Einäscherung. Es ist eine schnelle und saubere Methode.« Das steht auf der Webseite des Krematoriums Rozenhof. Wieso muss ich dabei sofort an Inspector Barnaby denken?

Meine Mutter wurde hier eingeäschert, aber ich kann mich nicht daran erinnern. Ich betrachte die Fotos auf der Webseite, in der Hoffnung, irgendetwas wiederzuerkennen. In der Trauerhalle hängen große Gemälde mit Rosen. Sie sagen mir nichts.

Ich suche die Wegbeschreibung auf meinem Handy. Es sind nur sechs Kilometer bis zum Krematorium. Ich maile Papa, dass ich noch eine Runde mit dem Rad drehen würde, und sause los. Auf dem Parkplatz stehen eine Menge Autos, aber ich sehe keinen Menschen. Ich schließe mein Rad vor dem Eingang ab und gehe um das Gebäude.

Ich empfinde nichts.

Ob ich da einfach rein kann? Über der Tür hängt ein Schild: WILLKOMMEN, und die Schwingtüren stehen offen. Ich gehe über einen dunkelblauen Läufer den breiten Flur entlang.

Na, das war ja zu erwarten. Ein Mann im hellgrauen Anzug kommt auf mich zu, mit sensationell glänzenden schwarzen Schuhen. Seine Glatze glänzt genauso.

»Gehörst du zur Familie Doorman?«, fragt er.

Jetzt könnte ich natürlich »ja« sagen und heimlich einer Einäscherung beiwohnen. Habe ich mal in einem Film gesehen, *Die glückliche Hausfrau* oder so. Die Hauptfigur ist zur Bestattung von Fremden gegangen, weil sie um ihren toten Vater trauern wollte.

»Äh, nein, ich wollte mich nur kurz umschauen.«

»Das geht nicht einfach so, es findet gerade eine Trauerfeier statt. Wir haben bald einen Tag der offenen Tür. Warte, ich hole dir den Prospekt.« Er lässt mich allein auf dem blauen Läufer zurück. Ich möchte schnell wegrennen, bleibe aber, wo ich bin.

Als er mit dem Prospekt zurückkommt, fragt er: »Weshalb bist du eigentlich hier? Bestimmt nicht ohne Grund.«

Ich zucke die Schultern.

»Mädchen deines Alters – wie alt bist du, zwölf, dreizehn? – betreten ein Krematorium doch nicht aus Spaß, oder?«

»Meine Mutter wurde hier eingeäschert«, sage ich.

»Oh, das tut mir leid. Vor Kurzem?«

»Nein, ich war drei Jahre alt.«

»Und jetzt versuchst du, deine Erinnerung wachzurütteln.«

»So was in der Art.«

Er blickt auf seine Uhr.

»Weißt du was? Ich führe dich kurz herum, die Familie Doorman ist sowieso noch in der Kaffee-Lounge, und danach ist hier für heute Schluss. Ich muss ihnen nur rasch ein paar Kannen Kaffee bringen. Komm mit.«

Wir gehen in eine Küche, in der alles aus blitzendem Stahl ist. Sauber ist es hier im Krematorium, das ist sicher. Er füllt zwei große Thermoskannen mit Kaffee aus einer riesigen Maschine.

»Wenn du eine der Kannen trägst und ein Gesicht machst, als würdest du das täglich tun, kannst du auch gleich die Kaffee-Lounge sehen.«

Ich kichere.

»Nicht lachen, verstanden?«, sagt er mit einem Grinsen. »Warte, hier hast du eine Schürze. Dann sieht es aus wie echt.«

Ich binde mir die hellblaue Schürze um die Taille und laufe hinter ihm her. Ich richte den Blick unverwandt auf seine Jacke.

Als er die Tür zur Kaffee-Lounge öffnet, ertönt aus einer Ecke dröhnendes Gelächter.

Wir stellen die Kannen auf einen Tisch mit einem Tischtuch voller Kaffeeflecken. Während ich hinter ihm hertrotte, sehe ich mich schnell ein wenig um. Nichts kommt mir hier bekannt vor.

»Du willst nicht wissen, wie viel hier gelacht wird«, sagt er, als er die Tür wieder hinter uns schließt. »Natürlich nicht immer«, fügt er schnell hinzu. »Bei deiner Mutter war es bestimmt eine traurige Sache.«

Ich muss an Lindas Worte denken. Ein schwarzer Tag.

»Was willst du noch sehen?«

»Vielleicht wie das vor sich geht, so eine Einäscherung.«

Er zieht das Jackett aus und wischt sich mit einem weißen Taschentuch über die Glatze. »Entschuldige, hier im Krematorium ist es immer fürchterlich heiß.«

Macht er jetzt Witze?

»Weißt du was? Wir machen eine Art Rekonstruktion. Vielleicht hilft dir das auf die Sprünge.«

Anscheinend macht ihm das Ganze langsam Spaß.

»Wir fangen auf dem Parkplatz an.«

Also gehen wir zum Parkplatz und danach wieder zurück zum Haupteingang mit dem blauen Läufer. Während er mich herumführt erklärt er mir, wie alles abläuft, wo der Sarg steht, wie für die Angehörigen gesorgt wird und durch welche Tür die Trauergäste hereinkommen. Die Halle erkenne ich von der Webseite wieder. Wir setzen uns in die erste Reihe.

»Was sind Sie eigentlich?«, frage ich.

»Was ich bin? Meinst du meine Funktion? Ich bin der Direktor.« Ich muss wieder kichern.

»Wirklich. Du denkst wahrscheinlich: Ein Direktor, der Kaffee kocht, das gibt's doch gar nicht. Normalerweise mache ich das auch nicht, aber eine Serviererin ist im Urlaub und die andere krank. Und die Rezeptionistin geht um vier Uhr nach Hause. Deshalb. Schau dir mal unsere Webseite an, dann siehst du, wenn du auf »Mitarbeiter« klickst, meine kahle Birne. Martin Veldkamp, das bin ich.«

»Hat es hier vor zehn Jahren genauso ausgesehen?«, will ich wissen.

»Da fragst du mich was. Nun, wir haben vor acht Jahren renoviert. Neuer Fußbodenbelag und Gardinen, andere Stühle. Mehr Farbe. Das möchten die Leute heutzutage. Insgesamt etwas fröhlicher. Gefällt's dir?«

»Ganz hübsch«, antworte ich nur.

»Das Stehpult ist aus Altholz. Ein echter Piet Hein Eek, aber das sagt dir wahrscheinlich nichts. War jedenfalls sehr teuer. Design halt. Gibt ein schönes Bild ab, wenn der Sarg ebenfalls aus Altholz ist. Trendy, oder?«

Ich blicke zum Podium. Hat mein Vater dort gestanden, neben dem Sarg meiner Mutter? Und ich, wo war ich eigentlich?

»Was kommt denn nach den Reden?«, frage ich.

»Nach den Reden geht die ganze Meute in die Kaffee-Lounge und wir bringen den Sarg zu den Öfen. Willst du die auch sehen?«

Ich nicke.

Wir gehen eine Treppe hinunter und gelangen in einen gekachelten Raum, auch hier wieder viel glänzender Stahl.

»Hier geschieht es.« Er klopft auf eine Metallklappe in der Wand. Seine Finger hinterlassen Abdrücke auf dem blitzenden Metall.

»Das sind die Öfen. Vollautomatisch, computergesteuert.« Er zeigt auf die Schalttafel. »Wir haben vier Öfen, denn wir dürfen nur eine einzige Person auf einmal in jedem Ofen einäschern. So steht's im Gesetz. Sonst wüsste man nicht, von wem die Asche ist.«

»Und liegt jetzt jemand im Ofen?«, frage ich. Ich sehe ein paar rote Lämpchen brennen.

»Ja, Opa Doorman.«

»Mit Sarg und allem?« Dumme Frage. Natürlich mit Sarg und allem.

»Und mit seiner Lieblingsmütze und den Kuscheltieren seiner Enkelkinder.«

Habe ich auch ein Kuscheltier in den Sarg meiner Mutter gelegt?

Mit einem Mal zittere ich am ganzen Körper. »Ich muss nach Hause.« Ich hole meinen Fahrradschlüssel aus der Tasche, aber meine Hände zittern dermaßen, dass ich ihn fallen lasse.

Martin Veldkamp hebt ihn vom Boden auf.

»Das ist auch kein Ort für ein junges Mädchen«, sagt er. Wir gehen nach oben.

»Vielen Dank für die Führung.« Während ich mich schon umdrehe, um hinauszugehen, gebe ich ihm die Hand.

»Warte«, sagt er, »du hast noch die Schürze um. Ach ja, wenn du später mal einen Nebenjob brauchst, kannst du hier gerne Kaffee ausschenken. Ich kann Aushilfen immer gut gebrauchen.«

»Ich werd's mir merken.« Ich gebe ihm die Schürze und gehe zum Ausgang. Ich muss mich bremsen, um nicht loszurennen.

»Wie heißt du eigentlich?«, ruft er mir nach.

»Katinka Kapteijn.«

»Viel Erfolg bei deiner Suche, Katinka.«
Ich schäme mich für meinen überstürzten Aufbruch.
»Vielen, vielen Dank«, rufe ich deshalb noch.

»Ich habe im Präsens geschrieben«, sagte ich zu Linda, als ich ihr die Geschichte gab.

»Gute Wahl. Als wäre der Leser mit dabei gewesen.«

Langsam begreife ich's wohl.

Sie war auch mit dem blauen Läufer zufrieden, den glänzenden Schuhen, dem Glatzkopf, der hellblauen Schürze, dem Stehpult aus Altholz und den Fingerabdrücken auf dem Stahl.

»All diese konkreten Details machen es erst lebendig«, meinte sie.

Aber sie hatte natürlich auch einiges anzumerken. Ich hatte nämlich zuerst keine Namen genannt, sondern einfach nur »der Herr« und »der Tote« geschrieben.

»Wenn du dem Toten und dem Direktor jetzt noch Namen gibst, wirkt alles noch realer«, sagte sie.

»Aber es ist ja auch entsetzlich real«, erwiderte ich leise.

Sie schaute vom Papier auf.

»Das weiß ich, Kind. Natürlich weiß ich das. Und ich weiß auch noch, wo du warst. Du hast dich die ganze Zeit am Jackenzipfel deines Vaters festgeklammert. Von Anfang bis Ende.«

26.

»Du brauchst nicht immer zu klingeln, Katinka«, hatte Linda einmal gesagt. »Komm einfach durch den Garten. Die Hintertür ist immer offen.«

»Hast du denn keine Angst vor Einbrechern?«, hatte ich gefragt.

»Was gibt's hier schon zu holen?«

Stimmt, hier gibt es nichts, was einen Einbrecher interessieren könnte. Ein ausgeblichenes Sofa, einen Ledersessel mit kleinen Rissen in den Armlehnen. Einen Tisch und zehn Holzstühle. Keinen Fernseher. Nur Wände voller Bücher. Die meisten Einbrecher sind, glaube ich, nicht an Büchern interessiert.

Es war schönes Wetter, aber Linda war nicht im Garten. Ich klopfte an die Tür ihres Schreibhäuschens, aber da war sie auch nicht. Also ging ich in die Küche. Aber dort stand kein Tablett mit Tassen bereit.

»Huhu«, rief ich, um sie nicht zu erschrecken. »Ich bin's.«

Keine Reaktion. Als ich ins Wohnzimmer kam, stolperte ich fast über zwei Beine, die barfuß unter dem Sofa hervorlugten. Ich konnte nichts dagegen tun, ich schrie auf, wie im Film. Dann bewegten sich die Beine. Rückwärts kroch Linda unter dem Sofa hervor, in der Hand eine kleine rote Katze.

»Das ist Cleopatra«, sagte sie und richtete sich keuchend auf. »Ich habe sie aus dem Tierheim.«

Ein Mädchen also. Kein zweiter Nero.

Linda hielt die Katze mit ausgestreckten Armen vor sich und betrachtete sie, während sie sich mit mir unterhielt. »Ich möchte Cäsar ein bisschen in Schwung bringen, denn seit Nero tot ist, liegt der nur noch auf der Fensterbank und döst vor sich hin.«

Das hatte er doch schon gemacht, als Nero noch dagewesen war, oder? Cäsar in Schwung zu bringen ist so, wie einem Nilpferd das Fliegen beibringen zu wollen.

»Wie findet er sie?«, fragte ich. Die Katze grub ihre Krallen in Lindas Arme, reckte sich und gähnte ausgiebig. Lindas Haut war mit roten Kratzern übersät.

»Wie findet wer was?« Linda drückte die Nase in das rote Fell und schnüffelte.

»Wie es Cäsar findet, so ein junges Kätzchen im Haus zu haben?«

»Keine Ahnung, er gibt keinen Laut von sich.«

Den restlichen Nachmittag konnte Linda ihre Augen und Hände nicht von der Katze lassen. Der Schreibkurs machte heute keine richtigen Fortschritte. Der Garten auch nicht.

Als ich ging, fragte ich Linda, ob Dirkje einmal vorbeikommen dürfte, um sich Cleopatra anzuschauen. Besser gesagt: um sie zu streicheln. Sozusagen ein Willkommensbesuch. Linda hatte nichts dagegen. Ich konnte ein Grinsen nicht unterdrücken. Ich sah sie schon vor mir: Dirkje, die zuerst die junge Katze knuddelt und davon so glücklich wird, dass sie gleich auch noch Linda an sich drückt. Und Linda, die natürlich nicht weiß, was sie mit ihren Armen anfangen soll, haut Dirkje schließlich kräftig auf den Rücken, wie die Männer in den amerikanischen Serien.

Vielleicht sollte ich etwas darüber schreiben, überlegte ich. Gegensätze machen sich gut in einer Geschichte. Das hat Linda selbst gesagt.

»Wieso lachst du?«, fragte Linda.

»Och, wegen Cleopatra.«

27.

Dirkje ist ein Fan von André Hazes. Gestern hat sie beim Spülen Musik von ihm gehört. Sie kann jede Menge Lieder auswendig und hat mitgesungen. Besser gesagt: mitgeplärrt. Auch bei »Der Drache«, über eine tote Mutter. Was ihr nicht bewusst war, glaube ich. Der Refrain geht so: »Ich habe hier einen Brief für meine Mutter, die oben im Himmel ist. Diesen Brief binde ich an meinen Drachen, bis er bei ihr ist, bei ihr, die ich vermiss'.« Das ist ziemlich kitschig – »bei ihr, die ich vermiss'« –, aber darum geht es nicht. Und Dirkje sang noch dazu ziemlich schief, aber auch das tut nichts zur Sache. Ich musste jedenfalls fast heulen, wegen des Refrains. Und das fand ich total dämlich, denn ich mag die Lieder von André Hazes gar nicht. Obwohl ich zugeben muss, dass er ziemlich gut darin ist (äh, war, denn er ist auch schon tot), Lieder zu schreiben, bei denen man weinen muss. Das möchte ich auch gerne irgendwann können: etwas schreiben, worüber die Menschen weinen müssen. Ich glaube, das ist das Allerschwierigste.

»Ja, genau das will man als Schriftsteller erreichen«, sagte Linda, als sie meinen Text über André Hazes gelesen hatte. »Das Herz des Lesers rühren.«

»Und wie kriegt man das hin?«

»Tja, wie?« Stille. »Es gibt keinen Trick«, sagte sie.

Wieder Stille.

»Ich weiß es oft auch nicht«, fuhr sie nach einer Weile fort.

Plötzlich erschien mir der Wunsch, eine Schriftstellerin zu werden, sehr weit weg. Wenn selbst Linda so was nicht wusste.

»Muss man etwas nicht selbst erlebt haben, um gute Formulierungen zu finden?«, fragte ich.

»Das hilft natürlich. Wenn man selbst großen Kummer erlebt hat, kann man den Kummer einer Figur einfühlsam schildern. Aber dann muss man mit einigem Abstand darauf blicken.«

Einfühlsam. Das habe ich, glaube ich, gemeint. Dass man es mit jeder einzelnen Faser gefühlt hat.

Später am Nachmittag sagte Linda: »Ein Roman handelt auch immer von einem selbst. Kennst du die Schriftstellerin Hella Haasse?«

Ich nickte.

»Sie hat einmal gesagt: ›Ein aufmerksamer Leser kann in meinen Romanen die kritischen Punkte meines Lebens leicht herauspicken.‹«

»Ist das bei deinen Büchern auch so?«, fragte ich.

»Das gilt für jeden Schriftsteller.«

»Wenn ich deine Bücher lese …«

»Ja«, sagte sie. Sie schenkte Tee ein und pustete in ihre Tasse. »Vielleicht sollte ich meine Bücher selbst mal wieder lesen.«

Meistens begleitet mich Linda ein Stück, wenn ich nach Hause gehe. Dann holt sie die Zeitung aus dem Briefkasten, sieht mir nach und wir winken uns noch einmal zu. Diesmal aber ging sie sofort in ihr Schreibhäuschen.

28.

Ich half Linda, die Bücher im Wohnzimmer alphabetisch zu sortieren. Die Bücherregale nahmen die gesamte Wand ein, von oben bis unten.

»Klebst du auch Klebestreifen mit den Anfangsbuchstaben auf die Bretter, wie in der Bibliothek?«, fragte ich.

Das sollte ein Witz sein, aber sie fand die Idee gut. »Dann finde ich sie wenigstens wieder.«

»Dirkje ordnet ihre Bücher nach Farben«, sagte ich, während wir hin und her liefen.

»Nach Farben?« Linda zog die Augenbrauen hoch.

»Ja, nach den Farben der Buchrücken. Ist ganz hübsch.«

Linda schüttelte den Kopf und schrieb mit Filzstift ein A auf das erste Brett.

»Was ist das hier für ein Buch?«

Ich hielt *Die Drachenzähmer* hoch. Es sah wegen des Titels und des Einbands aus wie ein Jugendbuch. Ich fragte mich, ob es zu M oder U gehörte, denn die Autorin hieß Emma Maree Urquhart.

»Ach, das. Das habe ich gekauft, weil es von einem dreizehnjährigen Mädchen geschrieben wurde. War in England ein Bestseller.«

Es könnte also klappen, einen Bestseller zu schreiben. Mit dreizehn!

»Und?«

»Not my cup of tea. Es handelt von der Welt eines Computerspiels.«

»Kann ich es mir ausleihen?«

»Nimm es ruhig mit.«

»Hast du auch schon geschrieben, als du so jung warst?« Ich blätterte das Buch durch.

»Nein, als Teenager habe ich wie besessen gelesen, manchmal bis tief in die Nacht. Die ganze Dorfbibliothek ist durch meine Hände gegangen. Sogar in den Schulpausen und auf dem Nachhauseweg habe ich gelesen. Ich war sehr gut im Laufen und gleichzeitig Lesen.«

Ich sah Linda an. »Wie hast du denn mit dreizehn ausgesehen?«

»Ach, Kind, das willst du gar nicht wissen. Eine bebrillte graue Maus war ich.«

Ich prustete los. »Hast du ein Fotoalbum von damals?«

»Kein Album, aber schon ein paar Fotos. Bist du sicher, dass du dir das antun willst?«

Ich nickte. Sie ging hinauf und kam mit einem braunen Umschlag zurück, den sie auf den Tisch legte. Er enthielt ungefähr zwanzig Fotos, mehr nicht. Linda stöberte darin herum und suchte ein paar Fotos aus.

»Schau, hier war ich zwölf und kam gerade ins Gymnasium.«

Sie hat eine große Brille auf der Nase. Das Gesicht ist hinter einem dicken Haarschopf verborgen. Sie blickt nicht in die Kamera.

»Wann war das?«, fragte ich. Sie trägt einen karierten Rock, ein hellblaues Jäckchen, Kniestrümpfe und schlichte Halbschuhe.

Sie schaute auf die Rückseite. »1965. Was war ich für eine Schönheit, stimmt's?«

Ich nahm ein Foto. Darauf sieht sie etwas älter aus.

»Das war beim Abitur. Ich hatte einen sehr guten Notendurchschnitt, das wurde bei der Zeugnisübergabe lobend erwähnt.«

Auf diesem Foto ist ihr Haar kürzer. Sie trägt Jeans und eine weite Bluse. Noch immer eine Brille, doch diesmal blickt sie wenigstens in die Kamera.

»Was hast du nach dem Abitur gemacht?«

»Niederländisch studiert. Und geschrieben, wahnsinnig viel geschrieben. Ich habe ein Diplom im Zehnfingersystem gemacht, mir eine gebrauchte Schreibmaschine gekauft und angefangen, Kurzgeschichten zu schreiben. Eine nach der anderen. Im Schreibwarenladen haben sie mich gefragt, was ich mit all den Schreibmaschinenbändern machen würde. Scheinbar hatten die ganzen Geschichten schon jahrelang in mir geschlummert.«

»Und wann hast du dein erstes Buch geschrieben?«

»Ein Kommilitone hat einer Literaturzeitschrift eine meiner Geschichten geschickt und damit habe ich dann einen Preis gewonnen.«

»Wow.«

Sie machte eine Geste, als hätte das keinerlei Bedeutung.

»Na ja, ein Verleger hat mich daraufhin gebeten, die Geschichte zu einem Roman auszuarbeiten. So hat alles angefangen.«

Das hätte schon was, darum gebeten zu werden, ein Buch zu schreiben.

»Und worum ging es?«

»Um ein unsicheres Mädchen aus einer bedrückenden Familie, das zum Studium in die große Stadt zieht und dort das Künstlerleben entdeckt.«

29.

Linda stand an der Spüle. Sie hatte gelbe Gummihandschuhe übergestreift und füllte gerade einen Eimer mit Seifenwasser. So etwas hatte ich sie noch nie tun sehen.

»Magst du mir heute dabei helfen, mein Schreibhäuschen zu putzen? Es droht dort langsam ein hygienischer Problemzustand.«

Ich lachte. »Hast du dir das selbst ausgedacht?«

»Nein, das habe ich vor einiger Zeit in einem Artikel über ehrenamtliche Mitarbeiter gelesen, die den Leuten dabei helfen, ihre verdreckten Wohnungen aufzuräumen. Ein Politiker wurde darin auch zitiert. Und der sprach von ›hygienischen Problemzuständen‹. So was schreibe ich immer gleich auf.«

Sie stellte den Eimer auf den Boden, holte gelbe Putzlappen, einen Besen und den Handfeger.

»Soll ich den Staubsauger rübertragen?«, fragte ich.

Aber sie hatte gar keinen. Linda macht alles mit dem Besen. Das musste ich Kalle erzählen.

Es war tatsächlich ziemlich schmutzig in dem Häuschen. An der Decke hingen die grauen Fäden alter Spinnweben. Vor dem Ofen lag eine Mischung aus Asche, Papierschnipseln und Holzspänen. Neben dem Tisch war eine Tüte Zucker auf den Boden gefallen. Ameisen marschierten in einer Reihe hin und her, um die Körner zu ihrem Nest zu bringen. Auf der kleinen Spüle stapelten sich schmutzige Tassen. Und alles lag unter einer feinen Staubschicht.

»Eine Typhusverschwörung, so könnte man das auch nennen«, sagte Linda und sah sich um.

»Lass uns alles rausräumen«, schlug ich vor.

»Alles? Die Bücher etwa auch?«

»Ja, sonst können wir hier nicht sauber machen, oder?«

»Und wohin mit den Büchern?«

»Wir legen sie im Garten auf eine Decke.«

Linda holte ein Laken und breitete es unter dem Apfelbaum aus. Während sie die Bücher auf dem Laken verteilte, fegte ich mit dem Besen die Spinnweben von der Decke. Sofort bekam ich einen Niesanfall, deshalb band ich mir ein Geschirrtuch vor die Nase.

Danach kamen die Bücherregale an die Reihe. Von oben nach unten. Das habe ich von meiner Tante gelernt. Als der ganze Staub weggewischt war, fegte ich den Fußboden. Acht Kehrschaufeln voller Schmutz und Staub kippte ich in den Mülleimer. Danach erst konnte ich das Geschirrtuch abnehmen.

Linda stand im Türrahmen und sah mir zu. »Du kannst ruhig die Bücher abstauben«, sagte ich. Sie ging in die Küche und kam mit einem weichen Staubwedel zurück. Ich grinste. Linda tat genau, was ich sagte.

In der Zwischenzeit wischte ich alle Bretter feucht ab. Ich schrubbte die Kaffeetassenflecken vom Tisch und putzte die Fenster.

Dann waren die Tassen dran. Ich suchte Spülmittel und rüttelte an der Tür des Spülschränkchens. Aber die klemmte. Deshalb schlug ich kräftig dagegen.

»Oh, Scheiße!«

»Was ist los?«, rief Linda vom Garten aus.

»Der Spülschrank.«

Sie kam zum Schreibhäuschen, blieb aber im Türrahmen stehen und starrte auf den Berg Briefe, Karten und Notizbücher, die aus dem Schrank gefallen waren.

»Entschuldigung«, sagte ich. »Ich habe Spülmittel gesucht.« Ich traute mich nicht, sie anzublicken.

Ich weiß nicht, wie lange wir so dastanden, aber sie setzte sich als Erste wieder in Bewegung.

»Mensch, da fällt meine ganze Vergangenheit einfach aus dem Schrank.» Sie ging hinüber zur Spüle und bückte sich zu dem Papierberg hinunter.

»Ich spüle die schmutzigen Tassen drüben in der Küche«, sagte ich und türmte sie übereinander.

Als ich zurückkam, war alles verschwunden.

Ich warf Linda einen Blick zu. Sie zeigte zum Ofen. Unzählige Briefe stapelten sich hinter dem Ofenfenster.

»So«, sagte sie und krempelte die Ärmel hoch, »und jetzt?«

Ich beauftragte Linda damit, einen Eimer mit frischem Putzwasser zu holen, dann schrubbte ich mit Scheuermilch die Spüle. Danach fiel ich mit Bürste und Wischlappen über die Dielen her. Während das Wasser immer dunkler wurde, kam die Maserung des Holzbodens langsam wieder zum Vorschein. Mein Rücken war schweißnass, als ich wischend rückwärts auf den Knien aus dem Häuschen kroch.

»Du kannst noch nicht hinein, es muss erst trocknen«, sagte ich.

»Tee?«, fragte Linda.

»Zu warm. Lieber Cola«, antwortete ich.

Hatte sie aber nicht. Dann halt Wasser.

Wir legten uns neben die Bücher ins Gras und lachten über Cleopatra, die über die Stapel kletterte.

Und wir taten so, als wäre es völlig normal, dass man seine Vergangenheit in den Ofen steckt.

30.

Schon als ich mit dem Fahrrad in die Straße einbog, konnte ich es riechen, und je näher ich kam, desto deutlicher sah ich, wie die Funken aus Lindas Haus sprühten. Mein erster Gedanke war: Das Schreibhäuschen steht in Flammen. Sie hatte den Ofen auch viel zu voll gestopft. Ich raste zur Auffahrt, warf mein Rad hin, rannte nach hinten und kramte schon mal mein Handy aus der Jackentasche.

Das Schreibhäuschen war noch da. Linda stand daneben. Sie hackte mit einer Axt Holz in Stücke und schmiss diese in ein Feuer, das sie unheimlich nah am Häuschen entfacht hatte.

Ich lief auf sie zu. »Und ich dachte schon, es brennt.«

»Es brennt ja auch was«, sagte sie. Sie war vollkommen verschwitzt und hatte schwarze Flecken im Gesicht.

Das Feuer knisterte. Als die Flammen nicht mehr so grell waren, sah ich es mit einem Mal: Dies waren keine normalen Holzscheite. Es waren Teile der Holzskulptur aus Lindas Wohnzimmer. Sie hatte sie in Stücke gehackt. Die Skulptur einer Frau mit gekreuzten Armen.

»Du hast …« Ich stockte und zeigte auf das Feuer.

»Brennt gut, oder? Staubtrockenes Holz, stand ja auch jahrelang im Haus.« Sie legte die Axt weg und setzte sich auf den Hackklotz. Sie blickte in die Flammen. Ich setzte mich neben sie ins Gras.

»John hat Skulpturen aus Baumstämmen gemacht«, sagte Linda plötzlich. »Kettensägenkünstler nannte er sich. Er war einer der Ersten, die so etwas gemacht haben. Er meinte immer, er habe das erfunden.«

»John?«

»Mein Mann. Ex-Mann«, antwortete sie.

Linda hatte wirklich einen Mann gehabt? Na ja, warum auch nicht?

»Ich lernte ihn in einer Studentenkneipe kennen. Er war schon etwas älter. Ich fand ihn wahnsinnig attraktiv. Besonders, wenn er so einem Baumstamm mit seiner Kettensäge zu Leibe rückte.«

Ein Lächeln huschte über ihr Gesicht.

Wahnsinnig attraktiv. Das musste ich mir merken.

»Ich zog ziemlich schnell bei ihm ein, ich war gerade mal zwanzig. Er ermutigte mich, zu schreiben. Wir hatten ein schönes Leben. Dachte ich. Bis 2003.«

»Und dann?«

»Dann erhielt ich einen großen Literaturpreis. Kurz bevor deine Mutter starb. Ich kam nach einem Fernsehinterview nach Hause und er war weg.«

»Weg? Ohne ein Wort?«

»Auf dem Tisch lag ein Brief. ›Ich brauche Raum‹, hat er geschrieben. Nach all den Jahren brauchte er plötzlich Raum. Er hat seine Kleidung, die Werkzeuge und Skulpturen mitgenommen. In unserem VW-Bus.«

»Stand sonst noch was in dem Brief?«

»Dass ich das Haus und diese Skulptur hier behalten durfte.« Linda zeigte auf das Feuer. »Ich hatte dafür Modell gestanden.«

Ich starrte auf die verkohlten Reste.

Linda warf ein paar Zweige ins Feuer. »Er konnte es nicht ertragen, dass ich nun bekannter war als er. Aber das begriff ich erst viel später.« Sie sah mich an. »Ach, Kind, womit belästige ich dich nur? Komm, lass uns etwas tun.« Sie schlug sich auf die Schenkel und stand auf.

»Aber warum wirfst du die Skulptur ausgerechnet heute ins Feuer?« Jetzt wollte ich die ganze Geschichte hören.

Sie seufzte und setzte sich wieder hin. »Ich habe John besucht. Gestern. Endlich, nach zehn Jahren. Er lebt auf einem verfallenen Bauernhof in Friesland. Als ich ihn wiedersah, war ich mit diesem Mann fertig. Ganz plötzlich.« Sie schnippte mit den Fingern. »Und als ich heute Morgen aufgestanden bin und die Skulptur betrachtete, zerrte ich sie nach draußen und schleuderte meine Axt hinein.«

Schon wieder fast eine Szene wie aus *Inspector Barnaby*.

»Manchmal muss man etwas zerstören. Wirklich. Du kannst dir gar nicht vorstellen, wie gut das tut.« Sie schmiss die letzten Holzstücke in die Flammen. Die Füße der Statue.

»Papa hat mir einmal, als ich sehr wütend war, erlaubt, einen Stapel alter Teller auf den Bürgersteig zu werfen. Aber geholfen hat das nichts.«

»Nein, mit alten Tellern funktioniert das auch nicht.« Sie sagte das so, als hätte sie damit große Erfahrung.

»Also besser neue Teller?«

»Ja, oder sehr teure.«

»Oder von Künstlerhand geschaffene«, rutschte mir heraus. Sie lachte, wie ich sie noch nie habe lachen hören.

Erst dachte ich: Das lasse ich Linda nicht lesen. Aber sie hatte ja selbst gesagt, es gehe um den inneren Konflikt. »Dort liegt die Geschichte verborgen.« Also habe ich ihr am Freitag, als wir auf der Bank saßen und Tee tranken, meine Blätter gegeben.

Ich betrachtete meine Turnschuhe und wartete, bis sie fertig war.

»Mann, was für eine Drama-Queen«, sagte Linda. »Eine Skulptur in Sücke zu hacken und dann noch zu verbrennen, so was kann man sich gar nicht ausdenken.« Sie schüttelte den Kopf. »Woher kommt denn diese Skulptur so plötzlich?«

»Hä? Aus deinem Wohnzimmer, das steht doch da!«

»Ich meine, du hast sie in den anderen Geschichten nie erwähnt. Und jetzt überrumpelst du den Leser damit.«

»Aber ich wusste doch vorher nicht, welche Bedeutung diese Skulptur hat. Hatte. Haben würde.«

»Ja, das stimmt. Ich, ehrlich gesagt, auch nicht.«

31.

Wir machten eine kleine Fahrradtour, nur Papa und ich. Das war seine Idee. Wir radelten eigentlich so gut wie nie zusammen. Und nie einfach nur so. Bestimmt hatte Addie ihm geraten, auch mal etwas mit mir allein zu unternehmen. Ein guter Rat, fand ich.

Dirkje blieb mit Kalle zu Hause, sie hatten sich in ein neues Spiel auf seinem Tablet vertieft. Sie rief mir noch hinterher, dass auch wir bald etwas Schönes zusammen unternehmen würden.

»Hast du eigentlich Lindas Mann gekannt?«, fragte ich Papa, als wir in einem Straßencafé Kuchen aßen.

»John, den Künstler, meinst du? Ja, natürlich habe ich ihn gekannt. Man kam gar nicht darum herum.«

»Mochtest du ihn?«

»Deine Mutter hielt ihn für einen Schnösel und Aufmerksamkeitsjunkie. Vielleicht war er das auch. Aber er war eine enorme Stimmungskanone. Er platzte vor Energie und konnte wunderbar erzählen. Sie gaben oft Gartenpartys, Linda und John, bis tief in die Nacht hinein, inklusive Lagerfeuer und Unmengen von Alkohol. Es wurde auch viel gekifft. Das waren noch Partys.«

»Hast du auch ... gekifft?«

»Äh, nein, nicht wirklich.« Also: ja.

»Wie sah er aus?«

»Cool. Mit so engen, ausgewaschenen Jeans und T-Shirts mit abgeschnittenen Ärmeln, damit seine muskulösen Oberarme richtig zur Geltung kamen. Er war auch immer sehr braun, arbeitete meistens draußen. Ich habe deine Mutter einmal gefragt, ob sie ihn attraktiver fand als mich.« Er pikste sich in den Bauch.

»Und?«

»Sie schlang die Arme um mich und sagte: ›Hein, darum geht es doch nicht.‹«

Na also, ich hatte eine sehr liebe Mutter. Und eine lustige. Und sie log nicht.

»Aber war er auch nett?«, fragte ich.

»Er war ein Typ, der auffällt, aber ob er nett war? Linda bewunderte ihn sehr. Wir haben das nie recht verstanden. Er hätte mehr Grund gehabt, sie zu bewundern. Ach egal, sie war jedenfalls völlig fertig, als er abgehauen ist. Ich weiß nicht, ob er eine andere hatte, würde mich nicht wundern, er trieb sich ziemlich viel herum. Das wusste ganz Hilversum, außer Linda. Als John weg war, ließ Linda sich nicht mehr blicken, und mit den Partys war es auch vorbei. Sie stürzte sich wie eine Besessene auf den Garten. Früher war dort nur ein einziger großer Rasen. Nach ein paar Tagen hatte sie alles umgegraben. Ich sah sie ab und zu mit Säcken voller Blumenerde auf dem Lenker und den Fahrradtaschen voller Pflanzen angeradelt kommen. Und einmal bin ich mit ihr zu einer Gärtnerei gefahren, um einen Apfelbaum zu holen.«

»Habt ihr sie denn nicht mehr besucht?«

»Wir haben es versucht, aber meistens hat sie nicht aufgemacht. Und dann ist Mama gestorben.«

Mistjahr 2003. Auch für Linda. Und Mistkerl, dieser John mit seinen muskulösen Oberarmen. Ich konnte ihn auf Anhieb nicht ausstehen. Doch »Aufmerksamkeitsjunkie« war ein schönes Wort.

Mit Rückenwind fuhren wir nach Hilversum zurück. Als wir in unsere Straße einbogen, sagte mein Vater: »Vielleicht sollten wir Linda mit einem netten Mann verkuppeln.«

»Dann muss sie auf die Datingsites im Internet«, erwiderte ich.

Wir prusteten gleichzeitig los. Linda und Internet war immer ein Riesenzirkus. Und Linda und Internetdates? Nein, sie musste einfach irgendwem auf der Fähre von Terschelling begegnen. Oder der Tochter von irgendwem.

32.

Anfangs war es wie eine Szene aus so einer Styling-Sendung. Ich stand in der Umkleidekabine und Dirkje schleppte immer mehr Klamotten an. Ich kam wieder heraus, drehte mich vor dem Spiegel und dann sagten wir »ja«, »nein« oder »mwah«. Die Stange in der Kabine mit den »Nein«-Klamotten wurde immer voller. Auf dem Hocker lagen ein paar T-Shirts (»ja«), eine rote Kapuzenjacke (»oh ja«) und ein »mwah«-Rock (etwas zu weit). Ich bräuchte etwas mehr Speck auf den Hüften, sagte Dirkje, aber nicht, wie ich das anstellen sollte. Nicht so viel Sport wahrscheinlich.

Papa hatte mir fünfzig Euro in die Hand gedrückt, aber Dirkje fand das viel zu wenig. »Für ein dreizehnjähriges Mädchen sind Klamotten sehr wichtig«, erklärte sie ihm. Daraufhin hat er noch einen Fünfziger draufgelegt. Er winkte uns hinterher, bis wir um die Ecke waren.

Dirkje kannte genau die richtigen Läden, sah mit einem Blick, wo die heruntergesetzte Ware hing, und griff sofort die hübschesten Sachen aus den Regalen. »Falls ich irgendwann meinen Job wechseln muss, werde ich Personal Shopping Guide«, sagte sie.

Unsere erste Station war aber eine Drogerie gewesen. Dort konnte man sich umsonst stylen lassen, wenn man für fünfundzwanzig Euro Kosmetikartikel eingekauft hatte. Mit dem vielen Make-up kam ich mir vor wie eine blöde Barbiepuppe, aber das behielt ich für mich. Ich würde es jedenfalls abwischen, bevor wir nach Hause gingen. Jetzt verstand ich auch, warum Dirkjes Lippenstift so lange haften blieb: Er kostete zwanzig Euro.

»Finden Sie sich zurecht?«, fragte eine Verkäuferin. Ich probierte schon eine halbe Stunde lang Klamotten an und Dirkje lief immer wieder mit Armen voller Kleidungsstücken hin und her.

»Ja, das tun wir«, sagte Dirkje. »Wären Sie vielleicht so nett, diese Teile für mich zurückzuhängen?« Sie drückte der Verkäuferin einen Haufen Klamotten in die Hand.

Ich rechnete nach, was alles zusammen kosten würde, als Dirkje den Vorhang mit einem Ruck zur Seite schob.

»Schau mal, Katinka, das ist es. Echt. Es liegt etwas über deinem Budget, aber du bekommst es von mir. Als Geschenk.«

Ich sah auf. Sie hielt einen Bügel mit einem Kleid hoch. Ein rotes Kleid mit weißen Punkten.

»Würde so gut zu deinem dunklen Haar passen. Mit einem breiten Gürtel und roten Flipflops oder halbhohen Turnschuhen als Kontrast. Und wenn es draußen etwas frisch ist, ziehst du einfach diese Jacke über und eine Leggings drunter. Ich sehe es schon vor mir.«

Ich sah es auch vor mir. Ich hatte es schon gesehen. Auf dem Dachboden, vor dem Spiegel.

»Nein, ich will es nicht«, sagte ich. »Ich habe hier doch schon genug liegen. Außerdem habe ich Durst.«

Dirkje ließ das Kleid sinken. »Probier es doch wenigstens einmal an und danach suchen wir uns ein Café.«

»Nein, es gefällt mir nicht, ich mag keine Kleider«, erwiderte ich, drehte mich um und zog dabei den Vorhang zu.

Ich kam mit drei T-Shirts und der roten Kapuzenjacke aus der Umkleidekabine. Mir war die Lust vergangen, den Rock noch mal anzuprobieren. Alles zusammen kostete siebzig Euro.

Als wir auf der Straße standen, legte Dirkje den Arm um meine Schultern. »Entschuldige, ich liebe Kleider, aber ich möchte dir nicht meinen Geschmack aufzwingen.«

Ich wusste nicht, wie ich ihr sagen sollte, dass ich Kleider auch mochte. Deshalb hielt ich einfach den Mund.

Wir gingen hinüber zum Marktplatz und suchten uns einen Tisch in einem fast vollen Café.

»Pommes«, sagte Dirkje. »Jetzt habe ich Lust auf einen Teller Pommes.«

Ich dachte an die dreißig Euro, die ich noch übrig hatte. Und daran, was mein Vater fragen würde: »Warum hast du das Geld nicht einfach ausgegeben?«

Dirkje holte die T-Shirts und die Jacke aus der Tüte und hielt sie eines nach dem anderen mit ausgestreckten Armen vor sich. »Wirklich toll«, sagte sie. »Besonders die Jacke. Wir waren richtig erfolgreich.«

Ein Kellner mit Schnurrbart kam an unseren Tisch. »So, die Damen, was darf es sein? Gute Ausbeute an einem so schönen Tag wie heute?«

Hör auf, Mann, hau ab, übertreib doch nicht so. Aber Dirkje lachte ihn an. Meine Güte, das war doch nicht etwa ihr Ernst?

Aber der Schnurrbart war auf den Geschmack gekommen. Als er mit dem Tablett zurückkam, stellte er schwungvoll die Teller vor uns ab.

»Zweimal Pommes, bitte sehr. Ein Glas Wein für die Mama und eine Cola für das liebe Töchterchen.«

Ich weiß nicht, ob es die Worte des Kellners waren oder Dirkjes stolzes Lächeln, aber irgendetwas brachte mich zum Explodieren.

»Das ist nicht meine Mutter«, sagte ich. Und dann schrie ich: »Das ist nicht meine Mutter, das sieht doch jeder!«

Ich sprang auf und stieß dabei meine Pommes vom Tisch. Der Teller zerbrach auf dem Bürgersteig.

Der Kellner grinste, aber Dirkje saß da wie vom Blitz getroffen.

Ich wollte nach Hause, ohne Dirkje. Ich wollte zu Papa und Kalle. Ich wollte zu dritt auf dem Sofa sitzen.

Ich packte meine Einkaufstüte und rannte davon.

Mein Vater stand in der Tür und wartete auf mich. Er sagte keinen Ton. Ich sah ihn nicht an.

Ich rannte an ihm vorbei, die Treppe hoch, in mein Zimmer, warf die Tüte in eine Ecke und ließ mich aufs Bett fallen.

»Wieso musstest du auch sterben?«, flüsterte ich dem Foto meiner Mutter zu und dann fing ich fürchterlich an zu weinen. Ich konnte nicht mehr aufhören.

Erst als mein Vater an die Tür klopfte, wischte ich mir mit dem Ärmel die Tränen ab. Er klopfte noch einmal an und öffnete die Tür. »Katinka, kommst du runter zum Essen?«

Er blieb an der Türschwelle stehen. Kalle stand neben ihm.

»Hier stinkt's nach Mayonnaise«, sagte Kalle.

Ich sah an mir herunter. Auf meiner Hose war Mayonnaise und auf dem Bettbezug auch.

»Zieh dir etwas anderes an, dann gehen wir in die Pizzeria«, sagte mein Vater.

Aber das taten wir nicht. Wir ließen uns die Pizzen liefern und aßen vor dem Fernseher, die Kartons auf dem Schoß.

Am nächsten Morgen sagte Papa beim Frühstück: »Dirkje kommt dieses Wochenende nicht.«

»Warum nicht?«, rief Kalle. »Wir wollten doch Karten spielen, das hat sie versprochen!«

Na toll, hatte ich Kalle auch noch alles vermiest.

Mein Vater murmelte etwas von »es ruhiger angehen lassen« und »besser aneinander gewöhnen«. Und dass Dirkje sehr viel um die Ohren habe.

Ich traute mich nicht, ihn anzusehen.

Ich habe sehr lange gebraucht, um dies aufzuschreiben. Als ich es Linda zum Lesen gab, sagte sie: »Es ist an der Zeit, dass du lernst, noch etwas mehr mit Perspektive zu spielen.«

Ich wollte mit ihr nicht über den Text reden. Ich hatte gehofft, sie würde mich fragen, weshalb ich

einfach weggelaufen war. Eigentlich verstand ich selbst nicht, warum ich so eine Wut auf Dirkje bekommen hatte. Ganz so übel hatte sie es nun auch wieder nicht angestellt.

Vielleicht konnte Linda mir sagen, warum. Aber sie sprach bloß von Perspektive.

»Bis jetzt schreibst du immer aus Katinkas Perspektive. Beschreibe dasselbe Ereignis doch mal aus dem Blickwinkel der anderen Figur. Kriech mal in Dirkjes Haut. Was denkt und fühlt sie? Wie hat sie die Situation erlebt? Womit ringt sie und wie sieht sie Katinka?«

Ich spürte, wie ich rot wurde. Mir wurde mit einem Mal klar, wie unfreundlich ich zu Dirkje gewesen war. Sie fühlte sich bestimmt sehr schlecht. Und das Schlimmste war, dass ich daran noch keinen Gedanken verschwendet hatte.

»Hallo, bist du noch da?«, fragte Linda.

»Äh ja, ich soll in Dirkjes Haut kriechen. Aber woher soll ich denn wissen, was sie denkt und fühlt?«

»Du bist die Autorin, also musst du deine Figuren zum Leben erwecken.«

Ich nickte. »Aber ich weiß nicht, ob ich das kann.«

»Fang einfach an zu schreiben.«

Einfach anfangen zu schreiben ... puh. Ich dachte: Linda hält mich wohl auch für eine Figur aus einem Buch und nicht für einen Menschen aus Fleisch und

Blut. Aber als ich aufbrechen wollte, klopfte sie mir auf die Schulter.

»Das mit Dirkje wird sich schon wieder einrenken, lass die Zeit mal ihre Arbeit tun.«

Ich ging einen Umweg nach Hause, damit der Wind meine Tränen trocknen konnte.

33.

»Meinst du wirklich, ich kann das?«, fragte ich Linda.

Ich hatte ein paar Kräuter gepflückt und Tee gekocht. Als ich mich im Garten mit der Kanne neben sie setzte, war sie gerade dabei, mit einem Rotstift Striche, Fragezeichen und Kringel in eine meiner Geschichten zu kritzeln. Mir ist es nicht gelungen, eine Geschichte aus Dirkjes Perspektive aufzuschreiben, anscheinend gab mein Gehirn sein Bestes, um ja nicht an sie zu denken. Deshalb habe ich einfach eine alte Kindergeschichte für Kalle umgearbeitet und ein paar Dialoge und Cliffhänger eingebaut.

Es dauerte eine Weile, bis sie antwortete.

»Du kannst was?«

»Na ja ... schreiben. Es ist immer alles so rot.« Ich zeigte auf das Papier.

»Du musst dir erst Gedanken machen, wenn ich nichts mehr anstreiche. Ich habe Kursteilnehmer, bei denen ich blau unterstreiche, was gut gelungen ist. Aber viel Blau wirst du da nicht finden.«

»Aber müsste es nicht langsam etwas weniger Rot werden?«

»Ach so, großer Irrtum«, sagte sie und stand auf. »Komm mal mit.«

Wir gingen zum Schreibhäuschen. Von einem Regalbrett nahm sie einen Stapel Papier, der mit einer Schnur zusammengebunden war. Sie löste die Schleife und drückte mir die Blätter in die Hand.

»Das Manuskript meines letzten Buchs. Schau dir an, was mein Lektor damit alles angestellt hat.«

»Brauchst du noch einen Lektor?«, fragte ich. Ich blätterte die Seiten durch. Sehr viel Rot. Und hier und da gab es auch grüne und blaue Zeichen.

»Ein guter Schriftsteller hat bei seinem Verlag einen festen Lektor. Gerade deshalb sind sie ja gut. Du hast doch wohl nicht angenommen, dass wir das alles ohne Hilfe schaffen?«

»Wird man denn nicht immer besser?«

»Das Problem ist, dass man es irgendwann selbst nicht mehr gut einschätzen kann. Man hat zu wenig Abstand.«

»Und was bedeutet das hier?« Ich zeigte auf die Großbuchstaben KYD am Rand.

»Kill your darlings. Schau, manchmal brütet man tagelang über einer wunderbaren Szene, oder feilt stundenlang an einem Absatz herum. Trotzdem will dieser Abschnitt einfach nicht richtig in die Geschichte passen. Aber man möchte ihn nicht rauswerfen, weil man ihn selbst so schön findet. Ein guter Lektor traut sich, zu sagen, dass manche Stellen trotzdem raus müssen. Anfangs habe ich meine Darlings in einem Heft gesammelt, um sie irgendwann doch noch zu gebrauchen, aber als das Heft fast voll war, habe ich es im Ofen verbrannt.«

»Wie schade. Konntest du sie nicht hinten im Buch aufnehmen, wie Outtakes bei einem Film?«

Linda lachte. »Das kannst du ja später tun. Worauf ich aber hinauswill: Als Schriftsteller muss man mit Kritik umgehen können. Kritik einstecken, Danke sagen und immer überprüfen, ob man was damit anfangen kann.«

Als sie mir meinen Text zurückgab, musste ich kurz schlucken. Ich sagte Danke und ging nach Hause, um mich mit den Anmerkungen zu beschäftigen. Meistens hatte sie recht. Und zum Glück stand nirgends KYD. Aber SDT: show, don't tell.

Na ja, zur Not kann ich immer noch Gärtnerin werden. Akelei, Fingerhut, Pfennigkraut, Waldmeister, Haselwurz, ich kenne mittlerweile immer mehr Pflanzennamen. Linda bringt mir bei, wie man Rosen schneidet, eine Heckenschere schleift und wie man Rucola aus Saatgut heranzieht.

Ich würde eine gute Wildgärtnerin abgeben.

Katinka Kapteijn: für einen wilden Garten, groß oder klein.

»Das Wort ›Wildgärtnerin‹ gibt es aber gar nicht«, sagte Linda später. Wieder ein roter Strich.

34.

»Hier, für dich«, sagte Linda, als ich den Gartenpfad entlangging. Sie steckte mir ein Päckchen zu und lief weiter in die Küche. Es war in zerknittertes braunes Papier gewickelt. Sollte ich es gleich auspacken? Oder warten, bis sie mit dem Tee zurück war?

Ich pulte die Klebestreifen ab. Offenbar hatte sie an die drei Meter Packpapier verbraucht, denn das Päckchen wurde immer kleiner.

Ein Buch. Natürlich ein Buch! Ein rotes Buch mit grünen und weißen Buchstaben auf dem Einband: *Das Geheimnis des Schriftstellers von Renate Dorrestein.*

Linda war immer noch in der Küche. Ich schlug das Buch auf. »Für Linda, März 2000«, stand mit Kuli geschrieben auf der ersten Seite und darunter »Renate Dorrestein«. Ein signiertes Exemplar! Ich merkte, wie ich rot wurde. Linda gab mir einfach ihr signiertes Buch. Oder wollte sie es mir nur leihen? Nee, dann hätte sie es nicht eingepackt.

Ich ging in die Küche. Sollte ich Linda einen Kuss geben? Besser nicht.

»Vielen, vielen Dank, Linda, das ist wirklich toll.« Ich konnte »supertoll« gerade noch herunterschlucken.

»Es ist natürlich ein gebrauchtes Exemplar«, sagte sie.

Ich musste mir Mühe geben, nicht loszulachen. Die Ecken des Einbands kräuselten sich, die Seitenränder waren vergilbt. Und als ich das Buch durchblätterte, entdeckte ich blau markierte Stellen, rote Ausrufezeichen an den Rändern und Eselsohren. »Brauchst du es denn nicht mehr?«, fragte ich. Blöde Frage. Sie kennt das Geheimnis des Schriftstellers natürlich schon.

»Wenn, dann leihe ich es mir eben von dir.«

Als wir im Garten saßen, sagte sie: »Vielleicht verstehst du noch nicht alles, was drin steht. Ich habe das Buch mindestens einmal im Jahr gelesen und jedesmal habe ich etwas Neues für mich herausgeholt.« Sie nahm mir das Buch aus der Hand und blätterte darin.

»Linda, würdest du etwas für mich hineinschreiben? Wie heißt das noch ...?«

»Eine Widmung«, sagte sie. »Ja. Daran habe ich auch schon gedacht.« Sie ging mit dem Buch hinüber zum Schreibhäuschen.

Und dies hat sie hineingeschrieben. Mit blauer Tinte:

»Für Katinka. Seite 229, sechste Zeile von unten. Also: weiter so. Linda.«

Seite 229 war nicht schwer zu finden. Umgeknickte Ecke. Da stand:

»Aber über allem steht als treibende Kraft das Talent, sich nicht von Zweifeln unterkriegen zu lassen.«

Jetzt musste ich mir Mühe geben, nicht drauflos zu heulen. Ich ließ mich nämlich doch unterkriegen. Aber das hatte nichts mit dem Schreiben zu tun. Sondern mit dem Theater um Dirkje.

35.

»Papa, ich weiß überhaupt nicht, wie Mama eigentlich gewesen ist.«

Mein Vater blickte vom Computer auf.

»Aber Mädchen, du hast doch ein schönes Fotoalbum von ihr.«

»Ja, aber ich weiß trotzdem nicht, wie sie wirklich war. Wie ihre Stimme geklungen hat, wie sie sich bewegt hat, wie sie gerochen hat.« Und wie sie lachte, wie sie mit mir schmuste und ob sie manchmal gesungen hat.

Ich musste an Dirkje denken. Wir hatten immer noch nicht über sie gesprochen. Ich traute mich nicht, Papa zu fragen, wie es ihr ging, ob er sie noch sprach, wie es weitergehen sollte, ob sie wütend war. Mir war klar, dass das nicht für immer so bleiben konnte. Mir war auch klar, dass Papa warten würde, bis ich selbst davon anfing. »Lass die Zeit ihre Arbeit tun», hatte Linda gesagt, und daran hielt ich mich.

Mein Vater betrachtete Mamas Foto neben seinem Computer. »Du warst doch noch so klein.«

»Ich wünschte, sie könnte kurz zurückkommen, nur ganz kurz. Fünf Minuten oder so. Dann mache ich schnell einen Film und den schaue ich mir immer dann an, wenn ich mich nicht mehr erinnern kann«, sagte ich.

»Ja, Erdmännchen«, sagte Papa und zog mich auf seinen Schoß. »Das wünsche ich mir auch.«

Von sehr weit her hörte ich jemanden im Traum meinen Namen rufen. Langsam drang es zu mir durch, dass mein Vater neben meinem Bett stand. Es war stockdunkel.

»Wie spät ist es?«, nuschelte ich.

»Halb eins, du darfst gleich weiterschlafen, aber mir ist etwas eingefallen. Du wirst dich freuen.«

»Und was?«, fragte ich mit geschlossenen Augen, denn ich wollte nicht richtig aufwachen.

»Auf der Hochzeit von Mamas bester Freundin wurde gefilmt. Mama hat damals eine Rede gehalten. Eine Woche später wurde Kalle geboren.«

Sofort saß ich aufrecht im Bett.

»Wessen Hochzeit? Kannst du da anrufen?«

»Eveliens, ich habe ihren Nachnamen vergessen. Sie ist nach der Hochzeit ziemlich schnell weggezogen, in die Nähe von Groningen.«

»Los, lass uns googeln!« Ich war schon aufgestanden.

»Nein, ich kümmere mich morgen darum. Nun schlaf schön.«

Schlaf schön. Als ginge das noch. Ich würde Mamas Stimme hören und sehen, wie sie gelacht hat! Ich legte mich auf den Rücken, um wieder einzuschlafen, aber ich war hellwach.

Nach einer Weile stand ich auf. Ich suchte im Internet nach »Evelien Groningen«, was gar nichts brachte. Ich aß einen Apfel und trank ein Glas Wasser. Dann setzte ich mich im Wohnzimmer mit einem Stapel alter Frauenzeitschriften von Dirkje aufs Sofa.

Offenbar bin ich doch wieder eingeschlafen, denn um halb acht stieß Kalle mir in die Seite.

»Papa, ruf die Schule an und sag, dass ich krank bin«, rief ich zu meinem Vater in die Küche.

»Bist du denn krank?«, fragte er.

»Nein, aber dann kann ich dir helfen, Evelien zu finden, und dann können wir den Film abholen und gleich anschauen.«

»Du gehst in die Schule und ich spüre Evelien auf.«

In der Schule hatte ich den ganzen Vormittag einen Knoten im Bauch und rannte danach so schnell wie möglich nach Hause.

»Und, hast du sie gefunden?«, war das Erste, was ich fragte.

»Ja, ich habe ihr eine E-Mail geschickt, aber noch keine Antwort.«

Ich konnte den ganzen Nachmittag an nichts anderes denken. Abends hatte ich Evelien doch kurz vergessen, denn als Papa von seinem Computer aus rief: »Sie hat ihn noch!«, wusste ich erst gar nicht, wovon er redete.

»Wer hat was noch?«

»Evelien. Sie schreibt, dass sie den Film noch hat.«

»Yes!«, rief ich und mit drei Schritten war ich vom Sofa am Arbeitstisch.

Lieber Hein,
wie schön, dass du schreibst. Wie geht es dir und der kleinen Katinka und Kalle? Es tut mir leid, dass ich nichts mehr von mir

habe hören lassen, ich schäme mich sehr, auch Louise gegenüber. Leider laufen die Dinge manchmal so. Aber ich bin froh, dass ich dir berichten kann, dass ich das Video noch habe. Ich habe es sofort angeschaut und sie ist darauf zu sehen. Ich musste gleichzeitig lachen und weinen. Und was für einen riesigen Bauch sie hatte. Es ist ein lustiges Video, aber es tut so weh, dass sie nicht mehr da ist. Ich schicke es so schnell wie möglich ab, ich weiß nicht, ob ich es morgen schaffe, aber ganz sicher am Wochenende. Ich fände es schön, einmal bei euch vorbeizukommen und dich und die Kinder wiederzusehen.
Alles Liebe, Evelien

36.

Ab diesem Moment lief ich ständig zum Briefkasten.

»Die Post war schon da«, sagte Papa dann.

»Ja, aber vielleicht wurde das Päckchen aus Versehen bei den Nachbarn abgegeben und die haben es uns gerade in den Briefkasten geworfen.«

»Ich glaube, du solltest ein wenig joggen gehen.«

Als ich Donnerstagnachmittag allein zu Hause war, sah ich, wie der Postbote mit einem dicken Umschlag auf unser Haus zukam. Noch bevor er klingeln konnte, hatte ich die Tür aufgerissen.

»Ein Päckchen für Hein Kapteijn.«

Ich zerrte es ihm aus den Händen. »Danke!«

Ich riss den Umschlag auf, was ziemlich schwierig war, denn er war mit viel Klebeband umwickelt. Und dann hielt ich so ein altmodisches Videotape in den Händen. Shit, shit. Ich rief Papa an.

»Papa, es ist ein Videotape, das können wir gar nicht abspielen.«

»Es ist ein was?«

»Ein Video, so ein dickes Ding, keine DVD. Was jetzt?«

Am anderen Ende blieb es kurz still.

»Ach so, du redest von Eveliens Film.«

»Ja, jetzt kann ich Mama immer noch nicht sehen.« Ich konnte meine Tränen nicht zurückhalten.

37.

Mein Vater schloss seinen alten Videorekorder am Fernseher an, kriegte ihn aber nicht zum Laufen. Deshalb brachte er das Videotape zu Bob. Der würde den Film digitalisieren und uns dann einen Link mailen.

»Vergiss nicht, Bob zu sagen, dass er auch mir mailt und nicht nur dir«, sagte ich. Ich glaube, ich machte meinen Vater gerade fast wahnsinnig, aber das war mir egal.

Papa machte mit Kalle eine kleine Fahrradtour, als die E-Mail ankam.

Liebe Katinka, lieber Kalle und Hein,
ich habe den Teil, in dem Louise ihre Rede hält, digitalisiert. Die Bildqualität war zum Glück noch einigermaßen gut, der Ton auch. Wie furchtbar, dass sie nicht mehr lebt, so eine bildschöne Frau und liebe Mutter. Ich hoffe, ich mache euch hiermit eine Freude. Wenn ihr unten auf den Link klickt, könnt ihr euch den Film anschauen.
Bob

Ich holte tief Luft. Wenn ich auf den Link klickte, würde ich meine Mutter sehen. Ich würde sehen, wie sie sich bewegt, und hören, wie sie spricht. Ich holte mir aus der Küche eine Cola und ging danach pinkeln. Dann hatte ich es plötzlich sehr eilig. Ich wollte den Filmausschnitt unbedingt sehen, bevor Papa und Kalle wieder da waren. Ich wollte das hier allein durchstehen. Ich klickte auf den Link und hielt mir die Hände vors Gesicht. Durch einen schmalen Spalt zwischen meinen Fingern betrachtete ich den Bildschirm. Ich sah eine Frau in einem weißen Brautkleid und einen Mann in knallblauem Anzug. Sie umarmten jemanden. Dann kam eine Bühne ins Bild. Da stand ein großer Mann mit einem Mikrofon. Er sagte: »Und nun übergebe ich Louise das Wort. Sie kennt unsere Braut noch aus der Grundschule. Louise, die Bühne gehört dir.« Es wurde kurz still. »Schaffst du's?«, fragte der Mann. »Oder soll ich dich die Treppe rauftragen?« Im Saal ertönte Gelächter.

Und dann kam sie ins Bild. Mein Herz pochte, mir stockte der Atem. Da war sie. Mit einem riesigen Bauch ging sie langsam zum Mikrofon. Sie trug ein langes, grünes Kleid, das nach unten weit auslief. Sie sah aus wie eine spanische Tänzerin. Um ihren Bauch war ein grün-blau-violettes Tuch geschlungen. Auch ihre hochhackigen Schuhe waren grün und über dem Spann mit Bändern verziert. Die Kamera zoomte an sie heran, ich nahm die Hände vom Gesicht. Ich sah, dass sie die Kette mit dem blauen Stein trug, die über meinem Bett hängt. Ich starrte auf den blauen Stein, ich traute mich nicht, ihr ins Gesicht zu schauen. Ich nahm einen Schluck Cola und klickte zurück, zum Anfang des Films. »Schau hin, Katinka ... jetzt!«, ermahnte ich mich, und ich schaute hin. Ich schaute in das Gesicht meiner Mutter und mir kamen die

Tränen. So viele Tränen, dass das Bild vor meinen Augen verschwamm. Ich wischte mir mit dem Ärmel das Gesicht ab und klickte ein Stück zurück, zu dem Moment, als die Kamera sie näher heranholte. Sie hatte das dunkle Haar offen, es hing ihr über die Schultern, und sie sah sehr fröhlich aus, sehr glücklich. Sie ergriff das Mikrofon und blickte in den Saal. Ihre Augen glänzten. Und dann fing sie an zu reden. »Meine liebe, liebe Evelien und lieber Leo ...« Ich hörte ihre Stimme und ich rief: »Mama, Mama.« Diese Worte kamen irgendwoher, irgendwo aus meinem tiefsten Innern, ich hatte das Gefühl, als würde ich sie nicht selbst aussprechen. Ich musste so sehr weinen, dass ich nicht mehr verstehen konnte, was meine Mutter auf der Bühne erzählte. Durch meine Tränen hinweg sah ich sie reden und lachen und mit den Armen gestikulieren. Dann blickte sie plötzlich zur Seite, als wäre sie gerufen worden. Sie bückte sich und streckte die Arme aus. Ich sah ein kleines Mädchen ins Bild laufen. Es rief: »Mama, Mama.« Abrupt hörte ich auf zu weinen. Das war ich! Ich lief auf die Bühne, zu meiner Mutter. Ich trug auch ein grünes Kleid, wahrscheinlich aus demselben Stoff wie das Kleid meiner Mutter. Ich hatte zwei Zöpfe mit blauen Schleifen. Ich lief zu meiner Mutter und legte eine Hand auf ihren Bauch. Meine Mutter fragte: »Wo war ich stehen geblieben?«, und widmete sich wieder ihrer Rede. Dabei strich sie mir übers Haar. Dann wendete sie sich mir zu: »Willst du auch noch etwas zu Evelien sagen?« Sie hielt mir das Mikrofon vor den Mund. »Weißt du noch, welches Lied wir geübt haben?« Ich nickte und sagte dann ganz laut ins Mikrofon: »Wir kriegen ein Baby«, und pikte mit dem Finger in Mamas Bauch. Lautes Gelächter. Ich versteckte mich hinter meiner Mutter. Sie hob mich hoch und ich klammerte mich an ihren dicken Bauch wie ein Äffchen. Sie gab mir einen Kuss und lachte in den Saal, dann verließ sie mit mir die Bühne. An der Treppe stand mein Vater, viel schlanker als jetzt, und seine Haare waren noch nicht grau. Er hatte einen dunklen Anzug an. Er nahm mich auf den Arm, half meiner Mutter die Treppe hinunter und gab ihr einen Kuss auf den Mund. Einen sehr langen Kuss. Dann kam der Mann mit dem Mikrofon wieder ins Bild. Er sagte: »Vielen Dank, Louise.« Und dann war der Film vorbei.

38.

Heute früh druckte ich alle Texte aus, die ich seit meiner ersten Schreibstunde geschrieben habe. Auch die Texte, die Linda noch nicht gelesen hat. Es war ein ziemlich dicker Packen Papier, dem Drucker wurde richtig heiß. Ich verteilte die A4-Blätter auf dem Boden und grübelte über eine Reihenfolge nach. Plötzlich fiel mein Blick auf einen Satz vom Anfang: »Nämlich darüber, wie Dirkje in unser Leben gekommen ist.« Ja ja, und wie ich sie anschließend wieder hinausgekickt habe, dachte ich.

Auf dem letzten Blatt stand: »Und dann war der Film vorbei.« Vielleicht ein schöner Schlusssatz, dachte ich. Ein offenes Ende. Klang gut. Was würde Linda dazu sagen? Dass man auch etwas der Fantasie des Lesers überlassen sollte?

Aber ich konnte noch nicht den Schlusspunkt setzen. Die Geschichte war noch nicht zu Ende. Das wusste ich, das spürte ich. Es musste noch etwas ... nein, ich musste noch etwas ...

Aber zuerst ging ich zu Linda. Ich hatte versprochen, ihr mit dem Apfelbaum zu helfen. Es hingen viel zu viele Äpfel an den Ästen. Mindestens die Hälfte musste gepflückt werden, damit die andere Hälfte genug Platz zum Wachsen hatte. Linda hielt die Leiter fest, während ich auf der obersten Stufe stand und die kleinen harten Äpfel runterfallen ließ. Cleopatra, die wir mittlerweile Cleo getauft hatten, rannte zwischen all den springenden grünen Bällen hin und her. Cäsar lag zusammengerollt in der steinernen Vogeltränke, in sicherer Entfernung.

»Wann ist ein Buch eigentlich fertig?«, fragte ich aus dem Baum heraus.

Mann, was für eine Frage.

»Ein Roman, meinst du?«

Ja, das meinte ich wohl.

»Gute Frage, ich habe schon darauf gewartet«, fuhr sie fort. »Komm mal runter, das reicht jetzt mit den Äpfeln.«

Ich ging hinter ihr her zum Schreibhäuschen. Es sah noch immer recht ordentlich aus. Okay, ihr Schreibtisch war mit A4-Papieren übersät, und an der Wand hing ein großer Papierbogen, auf den sie mit Bleistift allerlei Wörter und Pfeile und Linien gekritzelt hatte. Aus der Entfernung nicht zu entziffern. Es standen wieder schmutzige Tassen auf der Spüle und daneben braune Apfelgrotzen. Ihr Verleger wird sich freuen.

Linda holte ein schmales grünes Buch aus dem Regal und zeigte mir den Umschlag. »Schreiblektionen« stand darauf und darüber der Name der Autorin: Nicolien Mizee. Ein paar gelbe Klebezettel ragten heraus.

»Ich möchte es dir für die Ferien leihen. Dann hast du auf Terschelling auch etwas Schreibunterricht. Tee?«

Also gut, Tee, auf der Bank, ohne Nero, aber mit Cleo. Und mit Erdbeerkuchen und Schlagsahne, um den Ferienanfang zu feiern, meinte Linda.

»Gut, wo waren wir stehen geblieben. Ach ja, ein Roman«, sagte sie und leckte sich die Sahne von den Fingern. »Ein Roman ist eine Geschichte, eine lange Geschichte mit einem Anfang und einem Ende. Mit Figuren und einem Plot, einem Konflikt und einem *dramatic turning point.* Ich könnte dir jetzt einen Vortrag halten, aber worum es eigentlich geht ...«

Sie suchte eine bestimmte Stelle im Buch. Inzwischen tippte ich »dramatic turning point« ins Handy. Klang recht interessant.

»Ah, hier steht es. Mizee formuliert es so: ›In einer Geschichte kommt jemand zu einer Erkenntnis. Und sei sie auch noch so klein. Er denkt etwas, dann geschieht etwas und danach denkt er etwas anderes.‹« Linda blickte mich über den Brillenrand hinweg an. »Und wo ›er‹ steht, darfst du natürlich ›sie‹ lesen.«

39.

Linda hat mich gestern Abend angerufen: Ob ich heute noch kurz vorbeikommen könne, bevor wir nach Terschelling aufbrechen würden?

Sie erwartete mich schon, als ich in den Garten kam.

»Kannst du mir helfen, Skype auf meinem Laptop zu installieren?«, fragte sie vom Türrahmen ihres Schreibhäuschens aus.

»Skype? Du willst skypen?«

»Ja, ich will das mal ausprobieren.«

»Aber mit wem willst du denn skypen?«, fragte ich. Ich schlug mir die Hand vor den Mund. »Oh, entschuldige, geht mich natürlich nichts an.«

»Kannst es ruhig wissen.« Wurde sie etwa gerade ein bisschen rot?

»Vor einem Jahr habe ich einen Brief von einem alten Studienfreund bekommen. Über meinen Verleger.«

»Etwa der Freund, der damals deine Geschichte an die Zeitschrift geschickt hat?«

»Genau der. Er meinte, sich in einer der Figuren aus meinem letzten Buch wiederzuerkennen, und fände es schön, wieder einmal etwas von mir zu hören. Aber er könne nirgends meine E-Mailadresse oder Telefonnummer im Internet finden.«

»Stimmt das? War er eine deiner Figuren?«

»Ich glaube, jeder erkennt sich immer irgendwie in einem Buch wieder. Zumindest in einem guten Buch. Verwandte und Freunde meinen schnell, dass es von ihnen handelt.«

»Und nun will er mit dir skypen?«

Sie lachte etwas verlegen. »Na ja, er lebt in Schottland. Ich habe ihn endlich angerufen. Weil ich mich etwas schämte, dass ich mich nie gemeldet habe. Das Gespräch hat zwei Stunden gedauert und das wird sich in meiner Telefonrechnung bemerkbar machen. Deshalb meinte er, skypen kostet nichts. Also haben wir ausgemacht, Sonntagnachmittag zu skypen. Er hat mir seinen Skypenamen gegeben. Ich sagte, meinen Namen müsse ich erst mal suchen. Aber natürlich weiß ich nicht, wie das alles funktioniert.«

Ich grinste.

»Meinst du, ich kann das? Ist es schwierig?«, fragte sie.

Ich prustete los. »Natürlich kannst du das. Wir üben gleich noch ein bisschen. Ich setze mich dann ins Wohnzimmer und du bleibst in deinem Schreibhaus.«

Ich dachte, am besten wäre es, wenn sie Skype selbst installiert. Deshalb setzte ich mich neben sie und gab ihr Anweisungen. Mein Skypename war »katinkaschreibt«. Sie wählte »Lindaschreibt«. Ich musste ihr erklären, dass es nicht sehr schlau ist, nur den eigenen Vornamen oder den Namen der Katze als Passwort zu nehmen. Ich ließ sie eine Anleitung ausdrucken und Douwe, so hieß er, eine Einladung schicken. Klang spannend, Douwe aus Schottland. Ein Hauch von Whisky, ein Bart und eine dröhnende Lache.

»Willst du mit ihm eigentlich auch videoskypen oder nur chatten oder telefonieren?«

»Oh, das geht auch? Was meinst du?«

»Es ist bestimmt schön, ihn wiederzusehen«, antwortete ich.

»Aber dann sieht er mich ja auch.« Sie fuhr sich durchs Haar.

»Das findet er bestimmt nicht schlimm«, sagte ich.

Ich ging mit meinem Handy ins Wohnzimmer. Bevor jedoch alles glatt lief, rannte ich noch ein paar Mal hin und her, aber nach einer Viertelstunde hatte Linda begriffen, wie es funktionierte, und konnte mich anrufen und selbst ein Gespräch annehmen.

»Vielleicht sollte ich noch rasch zum Frisör«, sagte sie, als wir fertig waren. »Er kriegt bestimmt einen Schrecken bei meinem alten Kopp.«

»Vielleicht kriegst du ja einen Schrecken bei seinem alten Kopf«, entgegnete ich.

»Ach ja«, murmelte sie. »Er ist ja genauso alt wie ich.« Sie klappte den Laptop zu. »Genug jetzt über Douwe.«

Linda hatte schneller gelernt, als ich dachte. Noch am selben Abend schickte sie mir eine Videonachricht, mit Cleo im Bild, die vor der Tastatur saß. Sie bedankte sich für meine Hilfe.

Sie war tatsächlich beim Frisör gewesen.

40.

»Ach, ist das gemütlich«, sagte Papa. »Endlich wieder zu dritt, wie früher.«

Stimmt. Aber wenn er es so gemütlich fand, weshalb starrte er dann ständig auf sein Handy?

Wir frühstückten gerade vor unserem Wohnwagen auf Terschelling. Es versprach, ein warmer Tag zu werden. Sie wollten eine Runde um die Insel radeln, Papa und Kalle, aber ich hatte keine Lust dazu. »Ich bleibe hier und gehe später noch einkaufen«, sagte ich.

Als sie weg waren, räumte ich den Frühstückstisch ab. Dann fing ich an, ein Buch über griechische Mythologie zu lesen, das Linda mir empfohlen hatte. Ich konnte mich aber nicht konzentrieren. Ich checkte mein Handy. Danach wusch ich mir die Haare. Ich flechtete mir lauter kleine Zöpfe und ließ sie in der Sonne trocknen. Ich lief hinüber zum Laden und kaufte für Linda eine Postkarte, aber ich hatte keine Ahnung, was ich schreiben sollte. Ich löste die Zöpfe und war mit meinen Locken sehr zufrieden. Vor dem Spiegel versuchte ich, mir die Haare hochzustecken. Dirkje hat mal gesagt, dass ich das einmal ausprobieren sollte, aber ich kriegte es nicht hin. Also machte ich mir einen Pferdeschwanz. Dann checkte ich wieder mein Handy. Es war elf Uhr, Papa und Kalle würden gegen drei Uhr wieder hier sein. Ich legte mich aufs Bett und schlief ein. Als ich aufwachte, wusste ich kurz nicht, wo ich war und welchen Tag wir hatten. Ich trank einen Schluck Cola und ging noch einmal zum Laden, diesmal um Tomaten, Käse und Spaghetti zu kaufen und eine Packung Zitroneneis zum Nachtisch. Dann machte ich mich wieder an die Griechen, aber nach fünf Minuten gab ich auf. Ich schaute auf mein Handy und machte ein Sudoku. Es war ein Uhr, mir war heiß, mein Kopf juckte. Ich zerrte den Gummi aus dem Haar, steckte den Kopf unter den Wasserhahn und ließ kaltes Wasser laufen.

Und dann wusste ich, was ich wollte. Eigentlich war es verboten, allein meine ich, denn mein Vater hat Angst vor dem Meer. Aber ich musste es einfach tun. Ich schickte meinem Vater eine SMS, dass ich nach Midsland ginge. Ich zog meinen Bikini an und ein T-Shirt darüber, ließ mein Telefon auf dem Tisch liegen, schloss den Wohnwagen ab und legte den Schlüssel unter einen Blumentopf. Dann rannte ich los, so schnell ich mit meinen Flipflops konnte, den Muschelweg entlang, bis zum Meer. Bei den Dünen legte ich die Flipflops hinter einen Strauch und rannte barfuß durch den warmen Sand. Das Dünengras pikte zwischen den Zehen. Auf halbem Weg die Stranddüne hoch musste ich kurz anhalten, um Atem zu holen, und als ich ganz oben war, blieb ich stehen und zog das T-Shirt aus. Ich raste nach unten, ich flog beinahe, bis ich vom Sandstrand gebremst wurde. Es war Ebbe und ich musste noch ein gutes Stück bis zum Wasser laufen. Beim Riffelsand fing ich wieder an zu rennen. Mir taten die Füße weh. Ich stürmte ins Meer. Das kalte Wasser umspülte stechend meine Knöchel und Waden, aber ich wusste, das würde schnell vorüber sein. Als ich bis zu den Knien im Meer stand, ließ ich mich rückwärts in die Wellen fallen. Ich schnappte nach Luft und zappelte mit Armen und Beinen, um mich an die Kälte zu gewöhnen. Mein Herz pochte. Papa würde zwar nie dahinter kommen, dass ich allein ins Meer gesprungen war, aber trotzdem. Ich wusste nicht, ob die Flut kam oder ging, deshalb blieb ich in Strandnähe. Nein, ich würde daraus bestimmt keinen *dramatic turning point* machen: fast ertrunken und von Wellen an den Strand geworfen. Und danach im Krankenhaus aufgewacht und neben meinem Bett: Papa und Dirkje, Hand in Hand.

Ich ließ mich in den Wellen treiben, das kalte Wasser rann mir durchs Haar, in die Ohren und übers Gesicht. Das Salz biss mir in Nase und Augen. Ab und zu schmetterte mich eine große Welle auf den harten Meeresgrund. Es wurde still in meinem Kopf. Die Brandung spülte mich durch, meine Haut prickelte und ich atmete tief durch. Als mir von den Wellen und der Sonne ganz schwindelig war, stolperte ich aus dem Wasser. Ich war vollkommen ruhig und entspannt. Ich lief wieder über den kühlen Riffelsand und den warmen weichen Sandstrand zum Dünenpfad hinüber. Mein T-Shirt war noch da. Meine Flipflops weiter oben auch. Um zwei Uhr war ich wieder am Wohnwagen. Auf meinem Handy nur eine Nachricht von Papa: »O.K.« Ich dachte: Jetzt muss ich es sofort tun, nicht mehr warten, sonst würde ich mich nicht mehr trauen.

41.

Ich stellte mich in den Schatten und lehnte mich an einen Baum.

Dann suchte ich nach Dirkjes Nummer. Jetzt bloß nicht nachdenken.

»Hey, Katinka!« Zum Glück ging sie gleich ran.

»Hallo, hier ist Katinka«, sagte ich.

Das fing ja gut an.

»Ich weiß eigentlich gar nicht, weshalb ich anrufe«, fuhr ich fort und versuchte, das Meeresgefühl wieder in mir hervorzurufen. Selbstverständlich wusste ich, weshalb ich anrief.

»Macht nichts«, antwortete sie.

Kurze Stille.

»Wie geht's?«, fragten wir beide gleichzeitig.

»Du zuerst«, sagte sie.

»Mwah, und dir?« Stille.

»Ich habe viel Zeit, weißt du.«

»Es ist wegen Mama«, sagte ich. Was für ein Text.

»Ich vermisse sie«, flüsterte ich. »Zum ersten Mal.«

»Ich glaube, ich kann das verstehen.«

Wieder Stille.

Plötzlich brach mir der Schweiß aus. Trotzdem empfand ich die Stille nicht als unangenehm.

»Ich habe sie gesehen, in einem alten Film«, fuhr ich fort.

»Ja, das hat mir dein Vater erzählt.«

Sie hatten sich also darüber unterhalten.

»Willst du sie auch sehen?« Komische Frage, mir war nicht ganz klar, warum ich sie gestellt hatte.

»Möchtest du das denn?«

»Ja«, entgegnete ich, »ich glaube schon.«

Ich setzte mich auf den Boden.

»Ich wünschte, du wärst hier«, sagte ich. Die Tränen kullerten auf mein T-Shirt.

Mit einem Mal war ich mir sicher. Dirkje musste erfahren, wie meine Mutter gewesen ist. Sie musste meine Mutter in diesem Film sehen, zusammen mit mir. Ich würde ihr auch den Koffer mit den Kleidern auf dem Dachboden zeigen. Und das rote Kleid mit den weißen Punkten.

42.

Meine Mutter ist tot, aber ich habe sie wieder. Dank des Films und dank Dirkje. Meine Mutter ist wieder bei mir und das ist genug. Sie muss mich nicht erziehen, sie braucht mir nichts beizubringen. Ich sammle mir ein paar Ersatzmütter zusammen, darin bin ich ziemlich gut. Meine Mutter muss einfach nur da sein. Und das ist sie. Sie ist für mich da.

Später werde ich über sie schreiben. In einer Geschichte, in Briefen (die ich ihr dann mit einem Drachen schicken werde), in einem Buch. Später, wenn ich besser weiß, welche Wörter ich benutzen soll, wie ich schöne Sätze formulieren kann. Später werde ich auch herausfinden, was ihre nicht so guten Seiten gewesen sind. Später, aber jetzt noch nicht. Jetzt pflege ich das Bild aus dem Film, meine Mutter in dem hübschen Kleid, meine Mutter, die mich hochhebt und mich ansieht, als würde sie alles, wirklich alles an mir toll finden.

43.

Ich sah sie als Erste, am nächsten Tag. Wir saßen vor unserem Wohnwagen und aßen Brote. Ich sah sie schon von Weitem. Sie radelte über den Muschelweg, wegen des großen Rucksacks etwas nach vorne gebeugt. Ihre Krokodilledertasche baumelte am Lenker. Ich sagte nichts zu Papa und Kalle, ich rannte ihr nicht entgegen. Ich schaute einfach, wie sie immer näher kam. Ich war noch nie so ruhig gewesen. Sie stieg vom Rad, schmiss es ins Gras und setzte den Rucksack ab. Kalle rief: »Dirkje!«, mein Vater grinste breit und ich lächelte, als ob ich nie wieder damit aufhören wollte. Und ich wusste, ich wusste, dass sie zuerst zu mir kommen würde. Ich stand auf. Dirkje breitete die Arme aus und fiel mir um den Hals, sie hob mich hoch und drehte sich mit mir im Kreis. Danach küsste sie Kalle und erst dann war mein Vater an der Reihe.

44.

Sie stehen draußen auf dem Deck der Fähre und winken dem Brandaris nach. Mein Vater hat den Arm um Dirkje gelegt. Kalle hält Dirkjes Hand fest. Ich besetze einen großen Tisch am Fenster und sehe zu ihnen hinüber. Und zum Meer und seinem weißen Schaum und den Möwen, die mit uns fliegen, und ich wünschte, ich könnte die Zeit anhalten.

Glück ist gefährlich. Das ist der Titel eines Gedichtbands in Lindas Bücherregal. Ich habe das nie verstanden, aber jetzt kann ich es fühlen. Glück ist unheimlich! Aber schön.

Ich hole die Postkarte für Linda aus meiner Tasche. Ich weiß jetzt, was ich schreiben werde.

Liebe Linda,
es war supertoll (ein Witz!) auf Terschelling. Es roch nach deinem Gartentee und Honig. Und nach dem Meer. Wie das Meer riecht, kann ich nicht beschreiben. Willst du mir das noch beibringen? Oder riecht das Meer einfach nach Meer und lässt sich nicht beschreiben? Wir reisen zu viert zurück, Dirkje ist noch gekommen. Du hattest recht, man sollte ... nein, du wirst es noch lesen. Denn ich glaube, ich habe ganz zufällig aus meinem Leben ein Buch gemacht. Streichle Cäsar und Cleo von mir!

Bis bald, Katinka

Titel der Originalausgabe:
Hoe ik per ongeluk een boek schreef

www.mixtvision-verlag.de

Das Zitat auf S. 17 stammt aus *Heidi* von Johanna Spyri, erschienen in der Droemerschen Verlagsanstalt, München 1950, S. 15.

Übersetzung: Birgit Erdmann
Grafik und Gestaltung: Sandra Knopke & Saskia Klemm, Berlin
Druck und Bindung: Kösel GmbH & Co. KG, Altusried-Krugzell

MIX
Papier aus verantwortungsvollen Quellen
FSC® C013736

ISBN 978-3-95854-056-9

Auch als e-Book